文案策划
撰写技巧与经典案例

张贵泉　张洵瑒　编著

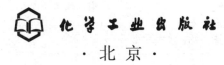

· 北京 ·

文案策划凝聚了选题、内容创作、推广营销各环节的要素。《文案策划：撰写技巧与经典案例》一书以内容创作的方法与技巧为切入点，对文案策划进行整体的分析、讲解，条分缕析地讲述了文案策划过程中需要注意的各个要点，并且辅以一定量的案例和范文。通过阅读本书，读者将学会如何找到优质选题、如何写出吸引人的标题、如何挖掘一件产品的特色并将它转化为文案语言、如何利用各大网络平台做文案推广等知识与技巧，最后，读者将能写出"超好卖"的完美文案。

图书在版编目（CIP）数据

文案策划：撰写技巧与经典案例/张贵泉，张洵旸编著．—北京：化学工业出版社，2018.12（2023.2重印）
ISBN 978-7-122-33133-5

Ⅰ.①文… Ⅱ.①张…②张… Ⅲ.①广告文案
Ⅳ.①F713.812

中国版本图书馆CIP数据核字（2018）第230755号

责任编辑：刘　丹　　　　　　　　　装帧设计：王晓宇
责任校对：边　涛

出版发行：化学工业出版社（北京市东城区青年湖南街13号　邮政编码100011）
印　　装：三河市延风印装有限公司
710mm×1000mm　1/16　印张13　字数201千字　2023年2月北京第1版第5次印刷

购书咨询：010-64518888　　　　　售后服务：010-64518899
网　　址：http://www.cip.com.cn
凡购买本书，如有缺损质量问题，本社销售中心负责调换。

定　价：49.80元　　　　　　　　　　　　　　版权所有　违者必究

序 言
FOREWORD

在媒体终端形式如此多样化的今天，一个好的文案策划，如果仅有出色的文字驾驭能力显然是不够的。

常有企业主管向我抱怨，说现在招到一个好的文案人员太需要"运气"，因为很难才能碰到既有扎实的文字能力，又有出色运营能力的人。有些人招进来，又发现渠道选控或者是受众运营有问题。那么，什么样的才是我们今天需要的优秀的文案人员呢？在我看来，"文案策划"四个字已经告诉我们了，好的文案人员，需要既能拿捏好文字，又具备策划能力。优秀的文案人员不应该仅是文字工作者，更应该是一个了解文案在消费过程中各个环节的全链路营销人员。

本书的作者张贵泉和张洵珺都是记者出身，拥有深厚的文字功底，又熟悉传统媒体和新媒体，曾参与策划、组织过许多很有影响的活动。他们了解当下市场对一个文案人员的具体需求，因此当他们邀请我写序言发来本书样稿的时候，我确定这本书就是一本讲述如何成为全链路文案策划人员的指南。

《文案策划：撰写技巧与经典案例》一书从文案的产生，到内容渠道分发，再到结合不同新媒体平台载体，热点借势等具体方式，系统地讲述如何写出优秀的文案，并通过策划和运营，让其具有影响力和传播力。像制作一档出色栏目或明星产品一样，指明如何将文案打造成爆品。

希望本书能够带给从事或希望从事文案工作的读者一些启发，并帮助他们成为这个市场中具有实战能力的金牌文案策划人员。

凤凰卫视旗下凤凰教育执行董事行政总裁
吴炜强

前 言
PREFACE

说起"文案策划",很多人都会说是"写文字的"。于是,一些刚从事文案工作的人每天待在办公室自以为只要写好公司需要的文字就行了。这样的状态如果持续下去,他们是不会写出好文案的。

有人认为,文案、策划、新媒体运营应当是三个分开的岗位,不应当交由文案策划一个人负责。虽然存在这样分岗位的公司,但其实并不合理。对企业来说,文案、策划、新媒体运营甚至推广岗位都是触类旁通的,为什么要为一份紧密关联的工作支付几倍的薪资呢?站在文案策划工作者的角度想,任何一个文案策划人员都不希望自己只会写文案,不涉及策划、运营等工作,这样很难提升自己的工作能力。

具体来说,把一篇文案写出来本身就是策划工作,包括如何写出吸引人的标题、如何设计内文布局等。再到新媒体运营,需要思考的是怎样的选题、排版风格、文案撰写、传播渠道、后台优化等能达到推新、促活、品牌推广等目的,本质上这也是文案策划的内容。

咪蒙、天才小熊猫、顾爷、冯仑、银教授等自媒体大号,都同时做好了文字、排版、视频、运营、粉丝互动。这些自媒体大多是一个人运营的,他们都是很优秀的文案策划人。

所以说,不管是文案、策划还是新媒体、推广,其实质都是营销。只有你把这些都做好了,才可以称得上是一个真正意义上的文案策划。有志向往这方面发展的读者,要让自己全面发展,比如写微信微博文案的时候,不仅是打字,还要图片、视频、创意,更要想一想后面是否容易传播,用户是否愿意花时间阅读等。

本书所定义的文案策划就是包含文案、策划、新媒体运营甚至推广，即广义上的文案策划。本书涉及文案创作完成之后进入的推广阶段。在文案推广之前，文案策划人员需要制订一个推广计划，确定投入预算、发布平台、发布时间以及发布后流量引入平台。

在文案推广的投入预算方面，第一大要素是人员开支。一般来说，这方面的内容由企业的行政部门、人力资源部门、财务部门联合开展工作。比如，企业要利用一些微博大V的影响力进行文案推广，需要有多少资金，多少人力投入，时间如何安排，团队如何分工等。这些问题都要由行政部门和财务部门协调、确认。

物料开支是投入预算的第二大要素。在物料方面，文案推广工作人员必须提前列好需要准备的材料，包括基本物料、宣传材料、礼品物料等。

在投入预算方面，最低预算和最高预算都要分别上下浮动10%~20%，经费太紧张会影响推广效果，经费过多容易造成浪费，所以，控制比例是最好的办法。

微博营销是点对面资源投放实现营销推广目的的典型代表，其便利性和易传播性使得微博颇受各大企业营销渠道的欢迎。相对应地，微信营销是一种通过点对点的资源投放实现的点对点的营销，可以让每一个用户都能看到你传播的信息，了解你的最新动态，但是由于是点对点，营销的范围会变小，但是营销质量相对较好。当然，如果实施多媒体平台分发策略，文案策划人员需要选择多个发布平台。

关于"文案在一天的什么时间发布最好"这一问题，答案是如果你的文案适合快速阅读，大多为小段子、小常识、笑话等"快消品"，那么你就可以考虑在早中晚合适的时间点发，有效利用用户碎片化时间，而且这些内容不需要集中精力去深度阅读，用户只要瞄一眼就好。但如果你的文案需要深度阅读，那么就应当在晚上9点以后推送，因为夜深人静的时候最适合思考。一般来说，晚上9点到11点是企业发布文案的最佳时间段，但是考虑到各企业特色不同，可根据自己的实际情况进行有效调整，以便文案推广效果最大化。

引流是文案推广的目的之一。对企业来说，确定文案发布后流量的引入平台是文案推广之前需要确定的事情。APP、网店、微信公众号、官微等是比较常见的流量引入平台，企业可以根据自己的产品和服务选择适合自己的平台。

如果要把流量引入APP，那么可以在文案中放置二维码，用户扫一扫就能下载。如果要把流量引入网店，那么可以直接在文案中放置购买链接。如果要把流量引入微博，那么一定要在文案中提到微博名称。如果要把流量引入微信公众号，那么可以在文案中放置二维码或微信公众号名称。

利用文案引流的方式简单直接，通过一篇高质量的文案或者一系列专题投放到各大媒体平台发布，再加上执行力强的运营团队，就可以达到非常好的引流效果。

综上所述，对一个优秀的文案策划人员来说，要求有很多。比如说策划思维、文字功底、新媒体运营能力、审美、设计、懂时尚，甚至还需要会拍摄，偶尔录几段有火爆潜力的短视频等。这些不一定需要全部精通，但至少都得懂一点皮毛，同时有一两项专业的技能。本书是本着提升文案策划综合能力的初衷，希望大家踏上从文案菜鸟到资深文案的蜕变之旅。

由于作者知识水平有限，书中难免有错误和疏漏之处，恳请广大读者批评指正。

笔者

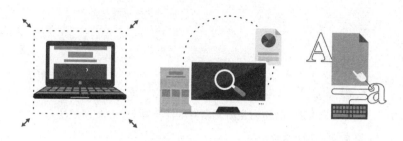

第1章　文案策划4大目的

- 1.1 推新 ·· 002
  - 1.1.1 市场不成熟，培育市场 ·· 002
  - 1.1.2 市场已成熟，产品迭代 ·· 005
- 1.2 促活 ·· 006
  - 1.2.1 常规推广，畅销变常销 ·· 006
  - 1.2.2 自媒体推广，将粉丝转化成购买力 ······································ 009
- 1.3 品牌推广 ·· 011
  - 1.3.1 一句话品牌故事 ·· 011
  - 1.3.2 品牌广告文案 ··· 013
- 1.4 危机公关 ·· 014
  - 1.4.1 品牌信誉受损，试图恢复原状 ··· 015
  - 1.4.2 品牌信誉受损，试图丢卒保车 ··· 018

第2章　文案策划3大类型

- 2.1 权威性文案 ··· 022

- 2.1.1 企业自身创造新闻 ······ 022
- 2.1.2 借助热点新闻事件创作文案 ······ 023
- 2.2 兴趣性文案 ······ 024
  - 2.2.1 故事代入式 ······ 025
  - 2.2.2 设置悬念式 ······ 027
  - 2.2.3 情感式软文 ······ 028
- 2.3 让利性文案 ······ 032
  - 2.3.1 满额促销文案 ······ 032
  - 2.3.2 特定周期促销文案 ······ 033
  - 2.3.3 优惠券促销文案 ······ 033
  - 2.3.4 主题性促销文案 ······ 034
  - 2.3.5 组合式促销文案 ······ 035

第3章 文案标题创作3大原则

- 3.1 价值性 ······ 038
  - 3.1.1 指出利益点 ······ 038
  - 3.1.2 需求提升式 ······ 040
  - 3.1.3 价格降低式 ······ 041
- 3.2 趣味性 ······ 042
  - 3.2.1 满足兴趣式 ······ 042
  - 3.2.2 满足好奇心式 ······ 044
- 3.3 紧迫感 ······ 045
  - 3.3.1 时间紧张式 ······ 045
  - 3.3.2 机会紧张式 ······ 046

第4章　文案标题中的3大特殊字符

4.1　疑问型 ·· 049
    4.1.1　疑问型标题增强互动 ·· 049
    4.1.2　苹果公司疑问型标题引热议 ······································ 049
4.2　数字型 ·· 050
    4.2.1　数字型标题的三个好处 ··· 051
    4.2.2　好标题与坏标题之间只差一个数字 ····························· 052
4.3　特殊词汇 ·· 053
    4.3.1　承诺词汇 ·· 053
    4.3.2　带有私密属性的词汇 ·· 055
    4.3.3　利益对比词汇 ·· 056

第5章　文案标题的11大类型

5.1　利用用户心理 ·· 059
    5.1.1　权威性标题 ·· 059
    5.1.2　急迫性标题 ·· 060
5.2　利用修辞方法 ·· 062
    5.2.1　比喻型标题 ·· 062
    5.2.2　拟人型标题 ·· 062
    5.2.3　双关型标题 ·· 063
    5.2.4　对偶型标题 ·· 064
5.3　内容自带流量 ·· 065

- 5.3.1 痛点标题 ……………………………………………… 065
- 5.3.2 煽动性标题 …………………………………………… 067
- 5.3.3 具像化标题 …………………………………………… 069
- 5.3.4 热点内容式标题 ……………………………………… 070
- 5.3.5 共鸣话题式标题 ……………………………………… 072

第6章 文案内文8大结构布局

- 6.1 开头 …………………………………………………………… 075
  - 6.1.1 率先指出他人的错误 ………………………………… 075
  - 6.1.2 抛出违背大众直觉的观点 …………………………… 075
  - 6.1.3 引用成功案例 ………………………………………… 076
- 6.2 中间 …………………………………………………………… 076
  - 6.2.1 平行式 ………………………………………………… 076
  - 6.2.2 递进式 ………………………………………………… 079
- 6.3 结尾 …………………………………………………………… 081
  - 6.3.1 首尾呼应式 …………………………………………… 081
  - 6.3.2 利益诱惑式 …………………………………………… 081
  - 6.3.3 行动号召式 …………………………………………… 082

第7章 如何找到优质策划内容的方向

- 7.1 部门选题讨论会 ……………………………………………… 085
  - 7.1.1 每天要求提一个点子 ………………………………… 085

  7.1.2 通过头脑风暴找选题 ··· 086
  7.1.3 从书搜寻有价值的资料 ······································· 087
7.2 关注热点 ·· 089
  7.2.1 热点引导流量走向趋势图 ····································· 089
  7.2.2 借助热点，进行关联性策划 ··································· 093
7.3 挖掘痛点 ·· 094
  7.3.1 避免伪痛点 ··· 094
  7.3.2 戳中真痛点 ··· 095
7.4 确定表现形式 ·· 096
  7.4.1 文字、图片、视频 ··· 097
  7.4.2 宝马"沙漠怪圈"文案引爆传播 ································ 099

第8章　热点事件借势文案

8.1 借势方式 ·· 102
  8.1.1 跟随型 ··· 102
  8.1.2 叠加型 ··· 103
8.2 借势范围 ·· 104
  8.2.1 行业借势 ··· 104
  8.2.2 跨界借势 ··· 106
8.3 传播时间 ·· 108
  8.3.1 借长势 ··· 108
  8.3.2 借短势 ··· 109
  8.3.3 一个亿小目标的借势文案大分析 ······························· 112

第9章 文案推广前4大确定

- 9.1 投入预算 …………………………………………………………… 116
  - 9.1.1 人员开支 ……………………………………………………… 116
  - 9.1.2 物料开支 ……………………………………………………… 117
- 9.2 确定发布平台 ……………………………………………………… 118
  - 9.2.1 微博微信等社会化媒体 ……………………………………… 118
  - 9.2.2 注重多媒体平台分发 ………………………………………… 120
- 9.3 确定发布时间 ……………………………………………………… 122
  - 9.3.1 时间固定，让用户养成依赖 ………………………………… 122
  - 9.3.2 山东荣成房产的文案发布时间 ……………………………… 124
- 9.4 确定发布后流量引入平台 ………………………………………… 125
  - 9.4.1 APP、网店、微信公众号、官微等 ………………………… 125
  - 9.4.2 一夜实现从0～1000粉丝 …………………………………… 126

第10章 微信朋友圈、公众号文案

- 10.1 朋友圈 …………………………………………………………… 129
  - 10.1.1 自发式朋友圈 ……………………………………………… 129
  - 10.1.2 转发式朋友圈 ……………………………………………… 132
- 10.2 公众号 …………………………………………………………… 134
  - 10.2.1 自发式公众号 ……………………………………………… 134
  - 10.2.2 互推式公众号 ……………………………………………… 138
  - 10.2.3 公众号图文结合方法 ……………………………………… 140

10.3 其他微信文案 ·· 142
    10.3.1 摇一摇文案 ·· 142
    10.3.2 漂流瓶文案 ·· 143

第11章 贴吧文案、文库文案、竞价文案

11.1 贴吧文案 ·· 146
    11.1.1 通过贴吧运营粉丝 ·· 146
    11.1.2 贴吧文案推广流程 ·· 149
    11.1.3 百度知道回答附网址链接 ·· 150
11.2 文库文案 ·· 151
    11.2.1 如何做文库内容 ·· 151
    11.2.2 上传的文案最好是热门内容 ······································ 152
11.3 竞价文案 ·· 154
    11.3.1 设置文档长尾关键词 ·· 154
    11.3.2 关注转化率 ·· 155

第12章 QQ群、QQ空间文案

12.1 QQ群文案 ·· 159
    12.1.1 通过直播引流 ·· 159
    12.1.2 利用红包功能引流 ·· 160
    12.1.3 添加多个QQ群 ·· 161

12.1.4 利用软件聊天系统全自动引流 ·· 161

12.1.5 设置群公告、群文件、群相册 ·· 162

12.2 QQ空间文案 ·· 163

12.2.1 QQ头像、昵称设计方法 ··· 163

12.2.2 QQ空间基础设置 ·· 163

12.2.3 推广吸粉 ·· 164

12.2.4 日志内容垂直化，有足够的吸引力 ······································· 166

第13章 微博、博客、知乎等平台文案

13.1 微博、博客文案 ·· 171

13.1.1 提高受众卷入度 ·· 171

13.1.2 人性化互动 ·· 173

13.1.3 花钱让大V转发 ·· 174

13.1.4 利用微博互粉大厅 ·· 176

13.1.5 安妮微博文案引爆传播 ·· 177

13.2 知乎文案 ·· 180

13.2.1 引导性提问技巧 ·· 180

13.2.2 发布情感性问题 ·· 182

13.3 其他平台文案 ·· 183

13.3.1 传统新闻媒体主动报道 ·· 183

13.3.2 新闻网站报道、转发 ·· 185

13.3.3 用户生产UGC ··· 188

第1章
文案策划4大目的

任何一个文案策划的背后都有一个明确的目的,不是推新、促活、品牌推广就是进行危机公关。下面一起看看4种不同目的的文案如何策划才能成功。

1.1 推新

任何一个企业推出新产品以后都希望消费者可以尽快熟悉，而文案推广就是一种有效的宣传方式。用户可以通过文案中的文字获取他们所需的信息，然后判断产品是否值得购买。所以，推新文案是企业营销中的重要部分。推新文案分为两种，一种是市场不成熟情况下以培育市场为目的的文案，另一种是市场已成熟情况下推广迭代产品的文案。

1.1.1 市场不成熟，培育市场

南孚电池是国内电池行业的龙头企业，企业的整体策略是由高端市场打入低端市场，进一步扩大低端电池市场份额。南孚电池首先看到了互联网时代年轻人的消费习惯正在发生改变，于是专门针对年轻人的习惯推出了糖果装电池。下面以南孚糖果装电池推新为例看一个推新文案的诞生过程。

首先列出任务清单，即想要通过文案具体达到哪些效果，如图1-1所示。

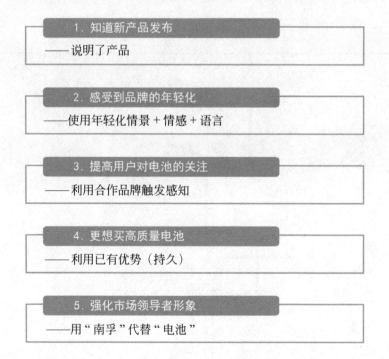

> 6. 消除质量顾虑
> ——主打"持久",而不是只强调颜值

> 7. 刺激注意和分享
> ——戏剧化冲突+情感附着+日常用语

图1-1 文案之前的任务清单

1. 知道新产品发布

让用户知道新产品发布是很容易的,一句话就能说清楚,比如"南孚,全新糖果装"。但是,如果只有一句话会显得太高傲,只有像苹果、小米那样本身受到众人关注的公司才敢这么做。所以,在写文案前,文案策划人员最好假设用户对广告不关心、不了解、不感兴趣,只是无意中扫到了文案海报。

2. 感受到品牌的年轻化

如何让用户感受到品牌年轻化呢?让用户感受到品牌年轻化并不是直接告诉用户"我们开始品牌年轻化了",而是应当通过情景化、视觉化的描述让用户看到南孚品牌的活力和"求变"的精神。所以,文案需要包含年轻人特有的情景、语言、情绪以及关心的话题等,比如婚恋、吐槽、回忆童年等。

3. 提高用户对电池的关注

众所周知,电池是一个非常不起眼的、习惯性购买的、低价的小产品。用户可能习惯性地浏览服装网站看看最新款的衣服或者在食品店铺里搜索各种小零食,但是很少有人特意关注电池的消息。所以,南孚的推新文案需要提高大众对电池的关注。

要达到这一效果,需要让大家知道电池与人们有哪些相关的利益。在这里,可以通过使用电池的其他电器来触发大家对于电池重要性的感知。

4. 更想买高质量电池

到现在,文案还缺少一个真正需要传达给用户的信号,比如电池相对其他品牌性价比高的特点。糖果装南孚电池的竞争优势包括电量持久、电量强劲、可随生活垃圾一起丢弃、安全、不会漏液、保存时间长达7年、颜值高等。

因为南孚的竞品金霸王的定位是电量强劲,用户对安全、保存时间长等特点感知度低,并且颜值高作为包装外观也无法体现功能属性信息,所以这几个优势作为主打信号可以首先淘汰。

另外两个优势是电量持久和可随生活垃圾一起丢弃。其中,电量持久是南孚电池长久以来的卖点,而可随生活垃圾一起丢弃是南孚传统产品的新策略。综合考量,将南孚糖果装电池电量依然持久的优势作为主打信号是最合适的。

5.强化市场领导者形象

对任何产品来说,"行业第一""市场领导者"这样的信息都非常有利于强化产品在用户心中的领导者形象。然而,新广告法已经不允许品牌宣传出现"××第一""××领导者"这样的字眼。所以,文案策划人员需要找到别的方式来利用此优势。对南孚来说,塑造"电池=南孚"的暗示是一种有效的方法。比如,在情景塑造中,不说"一节电池……",而会说"一节南孚……",这样可以在用户的潜意识层面强化南孚市场第一的形象。

6.消除质量顾虑

用户看到糖果装南孚,很有可能会产生质量顾虑。因为苹果、小米等手机的彩色外壳手机大多是减配低端版,所以用户对糖果装南孚也会产生是否是减配版的疑虑。那么,文案如何消除用户的质量顾虑呢?

主打电量持久而不是颜值高就可以做到减少用户顾虑。如果主打颜值,用户可能怀疑质量不如之前,但主打持久,用户就会认为南孚依然还是原来的南孚,并不因为颜值提升而质量下降。

7.刺激注意和分享

通过上面的讲解,我们找到了使用电器的设备,比如电视机、收音机、体重秤等,所用电器设备的场景需要附着到年轻人的回忆、生活或者口头用语中,然后突出电池持久耐用的优势。为了引起用户的兴趣、关注,刺激他们转发分享,可以给出电池太持久耐用而造成的戏剧化后果。

比如"遥控器里的南孚都没换,我却换了3个陪我看电视的人""去年的游泳圈今年的马甲线,体重秤的南孚却一直没变""什么时候攒够钱娶我?很快,一节南孚的时间"等。

把情景附着在年轻人生活中经常发生，并且值得吐槽的事情上，可以创造话题，引发病毒式传播效果。比如"什么时候攒够钱娶我？很快，一节南孚的时间"附着在年轻人常见的"逼婚情景"中，可以问粉丝"你是否有被另一半'逼婚'的经历"，然后引发粉丝们的二次创作。

1.1.2 市场已成熟，产品迭代

当产品更新迭代的时候，需要有文案对其进行产品描述及新功能讲解，这种文案也是推新文案的一种。那么问题来了，如何把最新的产品特性展现给用户？如何通过文字描述让用户对迭代后的产品感兴趣并想亲自体验一番？

1. 产品迭代文案应突出新品的核心优势

产品会有更新迭代，会比上一款更好，这也是新品的核心优势。特别是互联网产品，更新速度非常快，产品技术进步往往快于市场需求的增长。推新文案也要跟上节奏，在核心优势方面，突出产品迭代，向用户解释，比上一款好在哪里。同时，在有关迭代的文案中，策划人员可以从以下三个方面突出新品核心优势。

首先，产品迭代以后，针对已经持有产品的用户的信息反馈，突出此次更新优化的信息以及用户最需要满足的需求。在需求方面，文案中要强化产品最需要解决的问题，比如，上一款产品中因没有某项功能所产生的漏洞，迭代以后，产品漏洞已被填补，流畅度和安全性更高。

其次，表明产品的小步微调，比如，之前被放缓更新的方面在这一代产品中已经有了大幅度优化。特别是一些比较完善的产品，即使是小步微调，用户也会期待，尤其是核心用户，希望产品无限接近完美。

最后，讲述迭代产品的时候，要有一个很好的创意点。这个创意点会使老用户满意，使新用户新奇，进而获取新老用户的青睐。当然，迭代本身就是在跟随时代和用户变更的需求，所以，文案创意也要把握所耗费的时间和精力，不能为了创意而无限拖延文案推出时间。

2. 产品迭代文案需要注意3个关键词：简洁、明了、有逻辑

下面是iPhone7发布的时候苹果公司的文案，如图1-2所示。

图1-2　iPhone7的文案

简洁指的是表达清楚而不啰唆，在呈现观点的同时要突出核心；明了指的是把事情讲清楚、说明白，需要注意的是不能有错别字；有逻辑指的是产品文案内容的各层级之间关系清晰明了，不能随意堆砌。

3.向用户强调好处而不是功能

在市场已经成熟的情况下，用户对产品功能已经比较清楚。即使是迭代更新，产品的主要功能也不会变化。所以产品迭代文案不需要向用户强调功能，而要强调产品给用户带来的生活上的改变。

以上三个方面可以帮助文案策划人员更好地组织产品迭代文案，创作出能够真正有效呈现产品的文案。

1.2　促活

促活就是促进用户活跃的意思。对APP来说，活跃的用户会经常登陆应用；对网站来说，活跃的用户会经常浏览网站，积极参与互动；对产品来说，活跃的用户经常购买产品、使用产品。活跃的用户是真正有价值的用户，可以为APP、网站、产品创造价值。促活文案是很重要的一类文案，被众多企业所使用。

1.2.1　常规推广，畅销变常销

2017年，有几款产品卖得特别好，利润和销量都远远超过同行。其中

一款产品是售价290元的榨汁机,买一个榨汁机送一个随行杯,还有一款产品是售价279元的遮阳伞,主打高效防晒,年销售额超过一亿元。另外一款产品是售价228元的20寸拉杆箱,吸引了一批白领消费者购买。

　　这几款产品的价格都比竞品高出很多,但是卖得却比同行好,有一个共同的原因就是他们的促活文案设计得非常有水平,给用户营造了一种很高级的感觉。深入研究这些产品的文案后,我们总结出了3个文案策划的技巧。

　　1.质量宣传

　　消费者都喜欢质量好的产品,很多文案正是因为强调产品高质量、高品质才造就了产品的火爆销售。

　　那款290元的榨汁机就在文案中宣传自己的产品"杯身使用Tritan材料,通过了美国的食品药品管理局FDA认证,绝对不含对人体有害的BPA,这种材料是欧美地区婴幼儿用品的常用材料,无毒无害。其刀片也是医用级别的钛钢材质,安全放心。""是美国厨房用具品牌某某旗下的热销产品,其刀具、水壶等产品在美国都非常知名和畅销。"

　　通过证书及优质品牌支持,来说明产品用料上乘,加上很多相关照片和视频的刺激,让消费者觉得产品质量非常好,且非常实用,然后顺其自然地下单。

　　2.主打高科技

　　如果你的产品包含高科技元素,消费者会感觉它更高级,从而愿意为产品买单。普通的指甲刀不会超过10元,而一款售价36元的指甲刀,在某众筹网站上推广不到一个月,便取得了销售额第二的成绩。产品介绍视频的开头没有说指甲刀的功能,而是说:"我们经常观察大自然,比如螳螂,它的外形,它的比例,非常符合我们的设计理念。""所以,我们把这种仿生学,运用到我们的设计过程当中。"

　　看到仿生学,大家都会在潜意识里觉得:仿生学可是高科技,设计师一定是一个充满智慧的人,好高级啊!还有一些人甚至会联想到流线型跑车、奥运会游泳运动员穿的鲨鱼式泳装等仿生学产品。如此一来,大家心理层面上对产品的价值感知就提升了。

　　接着,文案中出现了第二个高科技的引导词——日本进口外科手术级不锈钢,如图1-3所示。

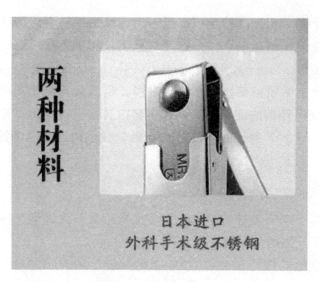

图1-3 指甲刀文案

文案策划人员没有使用TB36先进镍钛合金这类专业名词，而是通过"日本进口外科手术级不锈钢"塑造用户的高科技感知。大家会想：外科手术都可以使用的材料，用来造这款指甲刀，品质肯定没问题。同时，文案给出了更多卖点"地包天刀口设计，只剪指甲不剪肉""配有来回滑动收纳槽，剪时推上，指甲不飞溅，推下倒掉，不生细菌，清理方便。"消费者的购买冲动被一次次推高，最后发现一款高科技产品只要36元的时候，瞬间感觉物超所值，爽快下单。

产品里面是否隐藏着高科技元素是判断产品是否优质的重要因素，如果用上高科技元素，会让消费者忍不住下单。文案策划人员经常用到的高科技名词包括仿生科技、航天科技、纳米技术、3D传感技术、激光雷达技术等。

3.引导用户产生高级有趣的联想

即便是一个简单功能，也可以引导用户把它们联想成高级、有趣的事情。以电动牙刷为例，手握上去的时候指示灯会亮，简单写"指示灯触碰发亮"就不如说"当你的手在触碰到某某牙刷的瞬间，柔和的指示灯会自动点亮，这是清早一声体贴的问候"效果好。"体贴的问候"引导用户联想到了快乐、幸福、温暖的感觉，提高了消费者对产品的购买欲望。

在写文案时，怎么引导用户产生高级有趣的联想呢？核心在于升级项目，把简单平常的事情升级成梦幻绝妙的享受。这需要文案策划人员启动自己的想象力，打破思维限制才能够达到。

1.2.2 自媒体推广，将粉丝转化成购买力

"暖暖妈爱分享"是一个育儿类公众号，其原创文案覆盖科学育儿、亲子旅行、剁手推荐等内容，成为很多准妈妈和妈妈群体育儿路上的温暖陪伴。"暖暖妈爱分享"的运营者暖暖妈北大硕士毕业，曾经担任世界顶级咨询公司的咨询顾问。暖暖妈通过分享自己的亲身育儿经历拉近了与粉丝的距离，在妈妈群体中享有很高的知名度。

"暖暖妈爱分享"公众号起源于微博"陈小暖成长记"。暖暖妈于2012年6月注册微博账号，开始通过微博记录女儿陈小暖成长的点点滴滴。与此同时，暖暖妈用文字图片的方式将自己成功实践的育儿经验分享出来，并因此在微博上积累了一部分忠实的妈妈粉丝。

暖暖妈于2015年开始正式运营微信公众号，并通过微博导入第一批公众号粉丝。截至2017年9月，"暖暖妈爱分享"已经积累了上百万妈妈粉。下面一起看"暖暖妈爱分享"的运营过程。

"暖暖妈爱分享"每天推送1~3篇文案，其中头条主要是原创育儿文案，第2、3条为软文或者纯粹商品信息。一般来说，其头条阅读量在10万左右，点赞量在200左右，评论在50左右。如图1-4是新榜上关于"暖暖妈爱分享"的文案数据。

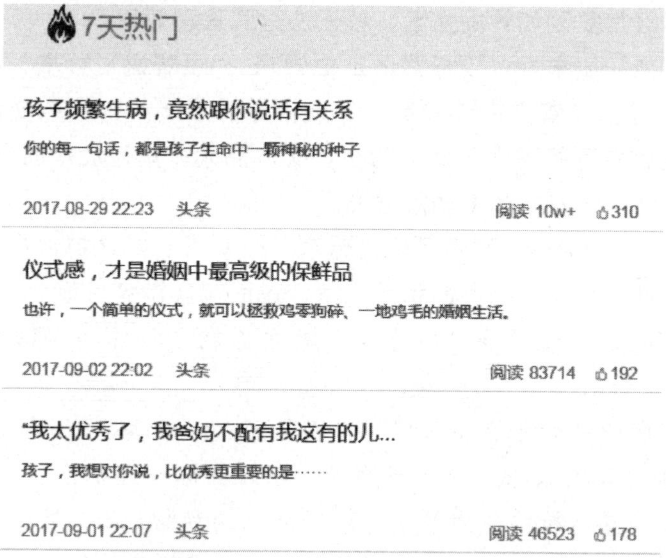

图1-4 新榜上关于"暖暖妈爱分享"的文案数据

"暖暖妈爱分享"的厉害之处在于无论是原创内容还是广告软文,其粉丝都非常乐于与之互动,众多评论让人不得不叹服其人气之高。

"暖暖妈爱分享"在推送软文广告的时候,还会标注"推广"二字。其盈利方式主要是自己售卖商品,每周固定举办团购活动。一般情况下,"暖暖妈爱分享"会在每周二推送团购商品的预告信息预热,并在每周三晚上九点半准时开团。

从"暖暖妈爱分享"以往的团购文案影响力来看,妈妈粉丝群对其推送的团购商品充满了期待,如果抢不到会非常失望。每次推送的团购商品大概有1~3种,客单价一般都在100元以上,每次团购销售额超过100万。假如客单价为150元,那么产生6666单,也就是可能有6666人购买。

一次团购销售额为100万,一个月的销售额就在400万左右,而且还不需要对外宣传推广就能轻易达到。看到这里,很多人都会非常羡慕。那么,"暖暖妈爱分享"为何能运营得如此成功呢?

首先,"暖暖妈爱分享"的个人标签色彩浓厚,相当于一个网红。暖暖妈善于经营粉丝,通过与粉丝互动,实现内容和活动双向地传递信息。

其次,运营者暖暖妈是一个乐于分享的人。暖暖妈将自己育儿的心得体会分享出来,让人感觉非常真实,很容易引起粉丝共鸣,形成转发分享。很多公众号经常复制和转发文案,就无法达到这种效果。

最后,商品质量好,目标群体定位明确。"暖暖妈爱分享"推送的商品质量都非常好,尽管价格比较高,但是依然受到妈妈群体的欢迎。妈妈群体是一个比较特殊的群体,她们为小孩买产品大多重视质量而不在意价格,只要商品质量好,掏钱的意愿就强烈。

基于以上三个因素,"暖暖妈爱分享"公众号在妈妈群体中形成了一定知名度,并通过口碑传播不断积累人气,进而实现销售目标。

通过"暖暖妈爱分享"的案例,笔者总结了创作自媒体推广文案的经验。

第一,在自身有经验知识积累的情况下,自媒体运营者可以把自己的经验和兴趣分享给大家。在自己擅长的领域,你一定积累了不少的经验。即便是还没有步入社会的大学生,对于自己的专业知识,所了解的也比社会上的大部分人多。比如,一个学装饰设计的大学生可以把一些建筑装饰设计方面的小知识结合自己的专业分享给大家,很多对装饰设计感兴趣的人都会看。只要他坚持下去，持续地分享自己的经验与兴趣，就能打造一个不错的自媒体公众号，造就自己的影响力磁场。对于一些已经步入社会的自媒体运营者，相关资源就更多了。你所从事的行业以及有志于哪个行业，都是你可以写的东西，除非你没有用心去研究这个行业。

第二，你可以分享自己对于社会热点的看法或者分析。在各个领域内，每天都会发生一些新闻，成为众人关注的热点。对于同一件事，不同的人就会有不同的看法。不管是赞成，还是反对，或是补充，只要你有自己的态度，就可以将看法铺展开来，创作成为一篇原创文案。

比如某自媒体人看到拍拍微店即将上线的新闻，随即写了一篇对于微店功能与淘宝对比的文案发布在公众号上，获得了高点击率。针对行业内热点事件发表评论，这样的题材非常容易找到。公众号运营者只要留心挖掘，就可以找到大量的可以创作的内容。

第三，很多业内人士每天都会发布自己的文案，传达着自己的观点。当你看到业内人士发表的一篇文案，如果对其有不同看法，或者有一些想要补充说明的东西，就可以借机发挥形成一篇文案。当然，从业内人士的文案得到灵感，不是抄袭，而是由别人的文案入手创作自己的内容。

1.3 品牌推广

众所周知，杜蕾斯用优秀的文案创意在互联网上爆红。出色的文案促使用户对产品产生兴趣，进而提升了品牌知名度。另外，最近火起来的江小白白酒，文案做得也非常好。据说，杜蕾斯和江小白的文案策划人员都超过了100人。由此可见，文案对于品牌推广的作用之大。

1.3.1 一句话品牌故事

基本上，每一个品牌都有这样的一句话品牌故事文案，它虽然只有一句话，却凝聚了整个品牌形象，集中体现了企业或品牌的灵魂。比如苹果的"活着，就是为了改变世界"（如图1-5所示），还有海尔的"真诚到永远"（如图1-6所示）。这样的一句话品牌故事文案往往会与其他品牌形成明显的标志性的差异。

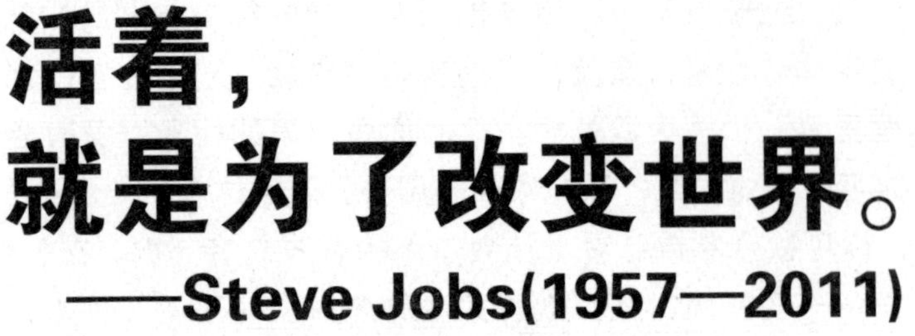
活着，
就是为了改变世界。
——Steve Jobs(1957—2011)

图 1-5　苹果的一句话品牌故事

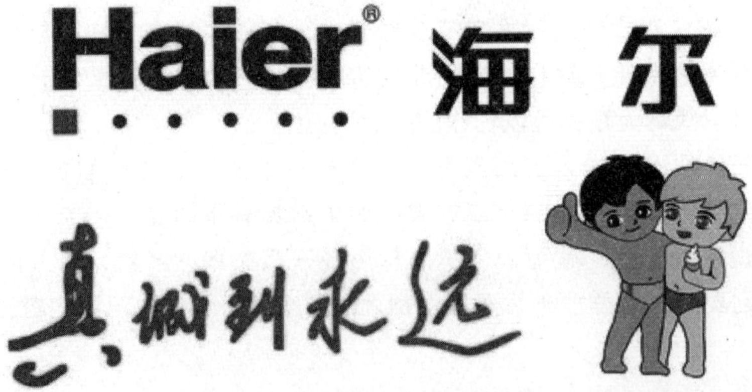
Haier 海尔
真诚到永远

图 1-6　海尔的一句话品牌故事

“钻石恒久远，一颗永留传”是钻石品牌戴比尔斯（De Beers）的品牌故事文案，其中蕴含着戴比尔斯的品牌故事。

在戴比尔斯诞生之前，钻石并不是爱情的象征，没有任何的浪漫气息，只是少数人炫耀财富的工具之一。在20世纪上半叶的经济大萧条时期，人们对钻石的需求量急剧下降，钻石不再是奢侈品，开始走进大众市场。由于钻石具有昂贵和坚硬的特质，所以戴比尔斯公司决定把这种坚硬的特质与爱情的坚贞拉上关系，于是，“钻石恒久远，一颗永留传”的故事就应运而生。谁不希望拥有一段像钻石一样坚贞的爱情呢？戴比尔斯的品牌故事吸引了无数消费者争相购买戴比尔斯的钻石首饰。

一个优秀的品牌故事文案，应当能够精准定位用户群体，清楚表达自己产品的特点，然后通过感性引导，在自己的用户群中获得足够的认同感。品牌故事文案传递了信息和理念，对用户形成了一种影响，让用户产生了一些改变，形成了购买行为，最终建立起与品牌一致的价值观。

1.3.2 品牌广告文案

截至2017年3月13日，脑白金已经累计销售4.6亿瓶。脑白金的广告文案"今年过节不收礼，收礼只收脑白金"几乎达到了家喻户晓的地步。2016年1月初，霸屏了十几年的"老年情侣"代言人消失不见，取而代之的是"点赞"新广告。

"为脑白金点赞"的新版广告只有短短30秒，没有花哨的舞步，也没有标志性的"今年过节不收礼，收礼只收脑白金"，而是向消费者提示脑白金"助眠润肠"的功能，并鼓励网友为其点赞或吐槽。由此，脑白金新广告被网友称为2016年最"魔性十足"的"洗脑广告"。

"脑白金如果让您睡眠改善，请为脑白金点赞一次！脑白金如果让您润肠通便，请为脑白金点赞一次！如果脑白金助您年轻态，请为脑白金点赞十次！如果脑白金对你无效，请吐槽一百次！有效才是硬道理，请为脑白金点赞！"进入2016年1月份以来，脑白金新版广告已经霸屏于电视台、新浪微博、微信朋友圈等各种社交媒体。以微博为例，#吐槽10000遍脑白金新广告#在新微博最热话题榜单上排名第二，阅读量超过百万，评论数过万。

对于脑白金新版"点赞"广告，网友的评价各有不同。网友"卡姐"认为，"习惯了老年情侣跳迪斯科，偶尔刮一下鬼畜风，还真有点不习惯。"网友"倩倩"则认为，"如果广告的目的就是让人'过脑不忘'的话，那么脑白金达到了。"

新广告还引起了业内人士的关注。广告界的营销专家对脑白金转变广告的深层次原因更加感兴趣。某营销专家表示，旧版脑白金广告的成功是因为抓住了广大消费者的痛点：面对各种各样的选择，过去送礼的时候总是不知道选什么好。如今的消费者选礼痛点可以说是解决了，但又出现了痒点：尽管脑白金适合送礼，但是是否安全呢，是否有明显效果呢？新版点赞广告在某种意义上就是为了给脑白金质量正名，让消费者在选购时不必担心安全问题。

从2001年起，脑白金铺天盖地的广告就成了一道电视奇观。脑白金的广告密集程度在中国广告界堪称老大。每当人们打开电视，就会发现几个老头老太太在那里蹦蹦跳跳，反反复复地念叨："今年过节不收礼，收礼只收脑白金"。在广告的轰炸效应下，脑白金以极短的时间迅速打开了市场，创造了十几亿元的销售额，成为营销界的一个成功典范。此后，以"广告密集轰炸"为核心的一系列营销策略被称为"脑白金式营销"。

脑白金的成功有很多原因，其中一个重要原因是其广告文案堪称洗脑。那么，如何策划品牌广告文案呢？一个品牌广告文案应当从消费者的角度看问题，塑造品牌的正面形象。

"关键时刻不在状态，脉动，富含多重维生素C，让你随时脉动回来！"是运动维生素饮料脉动的广告文案。这则广告文案将脉动的目标定位在15～35岁的学生、年轻人、时尚运动爱好者、白领等消费群体。广告文案将产品品牌名称巧妙地嵌入一句话的广告语中，便于记忆识别。而且，结合视频内容可以看出，广告文案以对比的表现形式突出了脉动的强大功能。

优秀的广告文案离不开对产品诉求以及用户洞察的研究，这也是脉动广告文案的成功之处。接下来，为大家介绍两种品牌广告文案的着手点。

1. 产品定位

广告文案要结合品牌定位走差异化路线，既突出优势又与相关竞品划清界限。天猫和京东商城同是在线购物平台，但产品定位并不相同，前者注重大而全，后者则是专而精，差异化路线避免了双方硬碰硬的对抗。

2. 产品功能

"充饥能量型"巧克力代表士力架，以创意的广告文案让消费者"一见倾心"，无论是梦露版、姚明版、TFBOYS版，还是华妃版、憨豆版、林黛玉版，吃之前是"虚货"，吃完秒变大力士，士力架"横扫饥饿"的强大产品功能让人惊呼叫好。

一则好的品牌广告文案不仅要将品牌巧妙嵌入其中，也要有让人拍案叫绝的创意，这样才能达到提升品牌知名度的效果。

1.4 危机公关

危机公关指的是对待突发事件的应急机制，主要特点是针对突发性、破坏性以及焦点性的事件作出一套方案进行应对。危机公关下的公共关系处理体现出一个企业的自我管理能力，即是否有能力通过运行机制获取公众谅解和接纳。具体来说，危机公关的处理能力取决于企业如何面对事件带来的严重负面影响。所以，危机公关文案是企业经营过程中不可避免的重要文案类型，也是文案策划人员必备的专业技能之一。

1.4.1 品牌信誉受损，试图恢复原状

2016年2月23日，上海市消费者权益保护委员会（以下简称"消保委"）召开房产中介消费者满意度调查发布会，发布了房产中介消费者满意度调查情况，链家、我爱我家、明明房产、太平洋房屋、汉宇地产等20家房产中介企业参会。上海市消保委对外公布了两起涉嫌违规交易的案例，两案例均发生在上海房地产中介行业的龙头老大上海链家。一时间，上海链家被推向舆论的风口浪尖。2016年1月9日，庄先生经过链家经纪人与房屋出售方签订了《房地产买卖居间协议》，在支付80万元定金后，却被链家工作人员告知无法按时交易房屋。原来，庄先生看中的这套房子有公积金贷款，而且出售方还将房子抵押给链家销售人员，出售方因此获得167万元贷款，月利率1.6%。

也就是说，庄先生要买的这套房子，本身就有两项抵押交易，包括公积金贷款和出售方个人贷款。因此，庄先生要求出售方处理好抵押交易，再正式签定《上海市房地产买卖合同》，但出售方借故拖延，80万定金也无法及时退还。春节过后，链家再次将该套房产挂网销售。

在这起纠纷中，链家方面故意隐瞒房屋不能正常交易的重大事实，使消费者蒙受经济利益损失。

另外一起涉嫌违规交易的案例是这样的，黄先生在链家中介的介绍下购买了价值400万元的房屋，签订合同才被告知该房屋有高达100万元的个人贷款和240万元的银行贷款，但是，此前链家方面的保证是该房屋信用良好，交易不会有障碍。后来黄先生又支付130万元，"替"出售方偿还个人贷款。但是到最后出售方却无力偿还黄先生的房款。

被上海市消保委通报两起纠纷以后，上海链家方面在官方微博发布《关于近期与上海链家有关的两项纠纷的声明》，称已经在第一时间成立专案组进行调查，承认是链家员工操作不严谨。《关于近期与上海链家有关的两项纠纷的声明》的具体内容如图1-7所示。

当天，上海链家将所有二手房房源广告清理下架，所有金融产品暂停交易。针对该事件，上海链家高层领导也做出回应。

关于近期与上海链家有关的两项纠纷的声明

2016年2月24日 16:01 | 阅读 41721

关于2月23日消保委沟通会提出的与上海链家有关的两项纠纷,上海链家高度重视,并第一时间成立专案组对此事进行调查。

经多方取证了解,房屋交易相对复杂,上海链家员工在服务过程中操作失误,给客户带来不便甚至是经济损失,对此,我们"不争辩,不逃避",承认错误,积极与客户沟通,以期妥善处理保障客户利益。

1.关于客户庄先生反馈的案源,此前买卖双方协商和平解约。上海链家员工在交易过程中的不严谨导致了此次服务的瑕疵。以保障客户利益为重,对于卖方拖欠庄先生的80万定金,我们已进行了全额先行垫付退还,并将积极配合客户通过法律诉讼等方式明确违约责任,同时承担相应责任。此外,针对上海链家相关工作人员工作中出现的疏漏,将根据公司制度进行相应处罚。

2.关于客户黄先生反馈的案源,在双方的共同努力下,已于2月19日完成房屋交易,并对未按公司规定执行的相关工作人员进行相应处罚,客户对此结果表示满意。

上海链家珍视每一次为客户服务的机会,并一直以业内最严格的红黄线制度规范我们的业务行为,期待因我们的努力让复杂的房屋交易变得不再困难。在这个过程中因链家员工的问题产生服务纠纷,我们一定正视,"不争辩,不逃避",有错必纠;同时我产也反思制度与文化,以期在根据上减少甚至杜绝此类事情发生。

2016年也是上海链家的品质服务,我们将进一步聚焦客户服务,用品质赢得消费者的信赖,同时欢迎广大消费者与媒体朋友的监督。

上海链家

2016年2月24日

图1-7 《关于近期与上海链家有关的两项纠纷的声明》的具体内容

2016年2月25日,链家常务副总裁王拥群发表《链家常务副总裁王拥群博士给各地总经理的一封信》,通报事件的处理结果,并表示对涉及两起纠纷的用户已做出妥善补偿,对涉事门店进行彻底整改,上海链家全体进行自查。

紧接着,链家董事长左晖在自己的朋友圈转发王拥群的信件并做出评论。左晖表示,"绝大多数纠纷都有我们自己的问题",承认链家确实有服务瑕疵,并进行了自我检讨,声称"我们收到,我们会努力并不负所托。"

在房价普涨的形势下,链家得到了飞速发展。然而,随着企业的快速扩张，问题也接踵而至。这一切对企业危机公关的应急能力和团队协作提出了更高的要求。链家此次危机公关非常成功，因为态度诚恳，解决措施及时，没有过多的负面影响渗透，链家的品牌信誉得到了维护。

并不是所有的企业都能在危机公关以后恢复品牌信誉，比如优衣库——北京市三里屯"优衣库事件"。某日凌晨一段不雅视频在网上流出，几乎同时在微信、微博、网页引爆，引起社会广泛关注。

就在围观群众纷纷议论优衣库事件时，优衣库公开回应称："关于网络传播的'优衣库三里屯视频事件'的信息，UNIQLO（优衣库）非常重视，已在第一时间向相关媒体平台进行举报。作为负责任的国际品牌，UNIQLO（优衣库）一直以来致力于为消费者提供安心、舒适和优质的购物体验和场所，也敬请广大消费者遵守社会公德，维护社会正义，正确与妥善使用UNIQLO（优衣库）店铺提供的试衣空间。有关网络上针对该事件是否为UNIQLO（优衣库）的营销炒作，我们坚决予以否定。"

有意思的是，优衣库对该条回应关闭了网友评论功能。直到现在大家依然不知道优衣库事件的真相到底是什么。在这一事件发生之前，优衣库是一个业绩良好、没有遭遇竞争对手强势攻击的国际品牌，这一事件对优衣库品牌的影响完全是负面的。

对于致力于高端品牌建设的优衣库来说，不雅视频是对品牌形象的一种损伤，所以优衣库的危机公关对事件走向起了重要作用。

危机公关应该遵循五大原则，包括承担责任原则、真诚沟通原则、速度第一原则、系统运行原则、权威证实原则。据此来看，优衣库此次危机公关是不合格的。

1. 承担责任原则

优衣库的官方微博，首先承认了事实并表示"在第一时间向相关媒体平台进行举报"符合承担责任原则，但在其它方面的表现欠佳。

2. 真诚沟通原则

即使在官方回应中，优衣库也不忘自我宣传"致力于为消费者提供安心、舒适和优质的购物体验和场所"，却强调让消费者遵守社会公德，而对于优衣库实体店在该事件中应负什么责任却丝毫未提及。单方面强调消费者的责任，而没有承认自身问题是缺乏真诚沟通、不顾及自己负责任的形象的表现。

3. 速度第一原则

优衣库危机公关的反应是迟钝的。在优衣库官方微博里，优衣库强调了自己在第一时间举报，却在第二天的10点19分才正式回应该事件，晚了十几个小时的时间。在事件闹得沸沸扬扬后才回应，优衣库在舆论中站在了被动的位置。

4. 系统运行原则

应对危机事件，系统地进行反击是公司具有良好的危机处理能力的体现。优衣库只在微博公开回应，却没有利用网络其他渠道进行反馈，很显然，优衣库危机公关的系统运行是不合格的。

5. 权威证实原则

没有遵循权威证实原则是优衣库公关陷入被动泥沼的原因。流传的视频中有关于优衣库的声音信息，而场地是否是优衣库试衣间却存有争议。优衣库官方微博的回应等于默认了事件发生地点是优衣库试衣间，却没有说明是通过何种途径确认的，比如店员反馈、店内监控视频回放等。

没有权威证实的环节，阴谋论就更加可以借题发挥。优衣库的正确做法应该是，首先讲清事件是不是在优衣库发生的，然后说明确认的过程。直接对此回应只会产生负面效果，而公开自己为调查做出的努力可以从侧面反映出优衣库对事件是不知情的。

链家与优衣库的危机公关形成了鲜明对比，很容易看出，正确的危机公关应当是什么样子的。

1.4.2 品牌信誉受损，试图丢卒保车

很多时候，信誉受损不是单单依靠一个道歉文案就能挽回的，丢卒保车也不失为一个好办法。唯品会就曾经使用这个方法应对舆情危机，不仅成功解除了用户信任危机，还提升了用户忠诚度。

2014年12月5日晚，一部分用户抢购了唯品会正在做促销活动的一款小米移动电源，原价需要49元，抢购价只有6元。到了12月8日，已经成功抢购了移动电源的用户却收到唯品会取消订单的通知。12月16日，唯品会订单事件已经闹得沸沸扬扬，考虑到用户投诉给唯品会带来的负面影响，唯品会最终道歉并全部恢复订单。

山东临沂的周先生就是唯品会订单事件的"受害者"之一。周先生从朋友那里得知唯品会正在销售一款小米移动电源，原价需要49元，抢购价只有6元。被超低价吸引，周先生参与了抢购活动，加上10元的运费，一个移动电源订单为16元。活动规定每单只能购买一件产品，周先生先后下单10次，抢到10个移动电源。

12月8日，周先生收到唯品会的消息，"亲爱的会员：由于小米移动电源为非正常售卖商品，订购此款商品所有订单已取消配送，安排返回。"周先生立即上网查询订单详情，订单状态显示"拒收"。周先生非常疑惑，货都没有到，自己不可能拒收。

原来，周先生的所有订单于12月6日上午出库，12月7日上午已送到山东分拣中心，12月8日上午被送到山东拦截站，之后返回。周先生将自己的经历发到网上，立即引发各地相同经历的消费者反馈。他们还组建了一个QQ群，共有100多位群成员，大都是成功抢购到6元小米移动电源，中途被拦截的唯品会用户。

面对消费者的质问，唯品会的官方回复是："您购买小米移动电源时，该活动未正式上线，活动规则明确为12月6日10点开始，因此购买行为均为违规购买，唯品会根据活动规则及相关法规可以取消订单，现已为您取消订单/拦截配送。"而消费者表示，在抢购产品的活动页面并没有发现标有12月6日10点开始的提示语。

周先生称，在收到"取消订单"的短信后，唯品会没有提退款的事情。周先生通过客服了解到唯品会将在7~15个工作日退款。周先生等消费者都很愤怒，坚持要唯品会给出合理解释，否则会运用法律维护自己的权益。然而，有一些用户还是赶在唯品会拦截货物之前收到了移动电源。唯品会客服表示公司已经有专门部门在处理这件事。

对于促销活动页面的泄露，唯品会内部也找不到原因。但唯品会的内部资料显示，周先生等人并非唯品会的忠实客户，而是善于挖掘电商漏洞的人士。唯品会促销活动的目的是回馈老用户，所以才会卖6元的亏本价，而且有一人限购一单的规定。但有些用户抢了几十个甚至上百个，这是不正常的消费行为。

12月16日，唯品会正式对外发布声明表示歉意，同时强调"该活动从未正式上线，是无法通过唯品会主页或者任何公开授权的正常渠道进行购买的"，因此取消了12月5日的相关订单，并进行了退款。对于一些老客户的订单，唯品会公关部人士确认已正常发货。

文案策划：撰写技巧与经典案例

　　12月16日晚上，事情发生戏剧性变化。唯品会公关部突然发表声明，"考虑到用户体验，我们对5号下的单全部重新发货。"原来，当天下午，唯品会董事会召开紧急会议，做出此项决定。董事会认为，唯品会与消费者不是对立的。尽管律师表示就算上了法庭，唯品会也不会输。管理层最终还是决定，宁愿亏掉这笔钱也要发货。

　　对于已经退款的用户，唯品会依然选择了发货，此次事件给唯品会带来至少数十万元的损失。之前，国美、当当、戴尔等企业都曾因系统缺陷等原因给商品错标低价，拒绝履行与消费者的合约。唯品会订单事件中，网站在法律上无需履行订单，但是唯品会却为了用户体验与自身品牌形象，坚持履行订单，这种做法是值得肯定的。从唯品会应对舆情危机的案例中，企业可以得到以下五点启示。

　　（1）态度坦诚，不狡辩，不沉默。当企业与消费者发生误会或者企业伤害了消费者利益时，消费者以刻薄的态度看待该企业是正常的。所以，企业在为自己辩护时，不要给媒体和消费者以狡辩的印象。出现舆论危机后，企业的态度很重要，既不能盲目道歉、一味忍让，也不能态度蛮横、大耍官腔，要坦诚地面对自己的过失。另外，企业的沉默，对消费者来说意味着默认和理亏，所以企业不能轻易用沉默的态度处理危机。

　　（2）主动弥补过失，勇于承担责任。企业本身就具有更多的社会责任和义务，所以当企业伤害了消费者利益时，可以用承担社会责任、甘于吃亏的方法更快获得消费者的谅解和重新认可，弥补品牌损伤。

　　（3）看长远的利益，高瞻远瞩。面对媒体和消费者的质疑，企业要对自己的失误进行纠正和弥补。在这个过程中，企业必须有清醒的认识，放眼未来，不要局限于眼前的利益。否则，企业会因小失大。

　　（4）尽早解决舆论危机。以负面场景开始的舆论危机，企业都应当尽早地让它结束。除非企业高明的公关手段可以将媒体和消费者的反应引导到一个有利于企业的环境氛围中，帮助企业获得良好的企业形象和知名度，培养忠诚客户。否则，企业就必须尽快结束危机事件，利用时间淡化事件的不良反应和负面影响。

　　（5）善待消费者。消费者的忠诚是企业宝贵的财富，一旦企业欺骗了消费者的感情，就很难再挽回。做个诚信的经营者，善待每一位消费者，企业终将得到消费者的回报。企业经营者应当谨记"诚信守法，爱心经营"的理念。

第 2 章 文案策划3大类型

文案策划有3种类型，包括权威性文案、兴趣性文案、让利性文案。不同的类型写作方法及应用场景都是不同的。所以，了解文案策划的3种类型，并且了解在什么情况下策划哪种类型的文案，对于文案策划人员来说，是一个必须重视的问题。

2.1 权威性文案

无论是传统新闻媒体还是网络新闻媒体，要想更好地生存，就必须在保证自己权威性的同时为企业提供推广服务，新闻报道式文案因此诞生。

2.1.1 企业自身创造新闻

对企业来说，新闻报道式文案有两种。一种是企业自身创造有价值的新闻，通过新闻媒体报道出来的文案；另外一种是将热点新闻事件与企业巧妙地联系在一起，从而创作出的文案。

首先看企业自身创造新闻的新闻报道式文案。日用消费品巨头联合利华重磅推出了可持续行动计划，不仅在全球各大新闻媒体版面正式对"可持续发展"这一名词作出详尽解释，还制定了公司到2020年间需要实现的三大目标：

"到2020年，我们将帮助超过10亿人改善健康卫生状况，并将我们的产品对环境的不利影响减少一半，还将改善我们产业链上数百万人的生计。"

由于新闻报道发布在知名权威媒体上，联合利华的可持续行动计划快速传播，影响范围非常广。在文案中，联合利华通过分享测试、试验结果，以学者、相关领域专家、技术专家的名义为品牌做了背书。另外，联合利华通过引用具有第三方性质的社会化媒体、自媒体的细节信息，极大地增加消费者对品牌的信任度。

谷歌不是第一个做搜索引擎的公司，却是让所有人认识到搜索引擎的公司；苹果不是发明鼠标的公司，但是是让所有人知道了鼠标这个东西的公司……这样的例子很多。微软总裁比尔·盖茨曾说过："如果我只有两美元，我会将其中一美元花在公共关系上。"

要想卖产品，首先需要让大家知道你。而企业自身制造新闻的新闻报道式文案是帮助企业增强辨识度和影响力的最佳方法。下面是让媒体报道企业的三种方法，内容如图2-1所示。

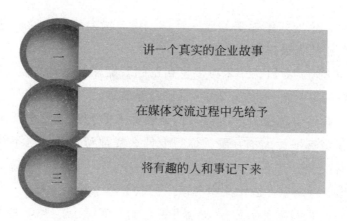

图2-1 让媒体报道企业的三种方法

1. 讲一个真实的企业故事

没有人喜欢谎言,让人们最感兴趣的是真实的故事。一个真实的企业故事应当包含以下几点:创始人是如何创立公司的、创始人是如何克服困难的、产品是如何诞生的、产品问题是如何得到解决的等。细节问题让故事显得更真实,这些正是人们希望知道的。

2. 在媒体交流过程中先给予

大部分人都有一种索取心态,企业也是这样。然而,互惠原理告诉我们,只有先付出,对方才会给你一些东西作为报答。所以,当企业在和媒体接触时,应当先对他们进行给予。例如,邀请各大媒体参加企业主办的活动,请各大媒体的记者代表在活动上发言,给他们寄去感谢信等。这些行为都有助于企业和媒体保持良好的关系。

3. 将有趣的人和事记下来

如果内容写得好,营销工作就会水到渠成。如果你是个牙医,你可以将最近的患者和他们的症状,以及你近两年一共拔了多少颗牙,与患者之间发生了哪些有趣的事情记下来;如果你是一名平面设计师,你可以将调整图片尺寸时以及你和甲方之间发生的趣事记下来。需要注意的是,应当把数据、事实、分析以及企业历史穿插在案例研究里。

2.1.2 借助热点新闻事件创作文案

下面看如何借助热点新闻事件创作文案。热点新闻事件经常成为全民瞩目的焦点，企业如果能够顺应大环境，通过借力热点新闻事件为营销造势，将为企业节省很多精力和成本。

2018年的3月8日，小米推出了自己的智能烹饪厨具文案："今天不忍了！我才是一家之主/有你好看的/你给我等着瞧。"

这一文案另辟蹊径，表达男人们宠爱女人的方式。男人不仅愿意当家庭煮夫，还负责把爱人拍好看，你想要什么我都帮你买，这不就是传说中的好男人吗？

利用热点新闻事件创作文案应该注意以下两个问题。

（1）热点新闻事件最好是公众可参与的。实际上，大众关注热点新闻事件的目的是娱乐自己，所以企业文案借助的热点新闻事件如果是公众可参与的，就会收到更好的效果。

谢亚龙下课风波曾经闹得沸沸扬扬，联想发现并抓住了这个营销机会。在某门户网站谢亚龙下课相关新闻的下方，联想推出了一个"想乐就乐，就算谢亚龙不下课"的话题。只要点开话题，就能看到联想Ideapad关于新想乐主义的视频广告。当天，联想的话题获得了超过11万次的点击，还有2000多条粉丝回帖。

（2）有效"嫁接"才能对企业推广发挥作用。借助热点新闻事件创作企业推广文案，观察力和想象力很重要。将公司产品或者概念有效融入到热点事件之中，并且嵌入得不露痕迹，才能达到借势传播的效果。

当克隆技术在街头巷尾被人们议论的时候，脑白金巧妙地利用了这个热点事件。他们把脑白金技术与克隆技术相提并论，写出了《生物技术的两大突破》这篇文案。由于嵌入巧妙，很多人都没有意识到这是一个营销事件，而将其误当作新闻来读，取得了很好的传播效果。有一些报社还将其作为科技新闻进行转载，传播效果出人意料。

2.2 兴趣性文案

兴趣性文案是用户最喜爱的文案类型之一，用来打发碎片化的娱乐时间再合适不过了。一般来说，微信、微博等自媒体平台是盛产兴趣性文案的地方，也是用户经常浏览的内容平台。

2.2.1 故事代入式

微信公众号"顾爷"创作的文案很多都是故事代入式，由于其人气很高，阿里巴巴找上门让顾爷为其旗下"阿里旅行·去啊"做广告。从"梵高为什么会自杀"到"女王范儿"，再到为阿里巴巴做的"一亿元"，都被称为神文。这个现象只有十年前胡戈创作的"一个馒头引发的血案"可以与之媲美。非常有趣的是，胡戈因为这条视频成名后，也进入了广告界，并被阿里巴巴看重。

为什么顾爷的文案会火？其根本原因是顾爷通过讲的故事让用户觉得非常有趣有味有料，于是忍不住转发传播。

以顾爷创作的《女王范儿》为例，文案开头通过叙述拿破仑加冕画里的逻辑错误引出拿破仑的皇后头上皇冠的来历：拿破仑为取悦心中女神，命令皇家工匠尼铎特制的珠宝。而这正是巴黎CHAUMET珠宝品牌的来历。

总结到最后，我们会发现，顾爷写文案都是用一些艺术相关的历史包装或者段子般的讲故事方式植入品牌，让用户看着不讨厌，而且还能涨知识。

纵观自媒体营销界，也只有"天才小熊猫"可以与顾爷媲美了。天才小熊猫最早是在微博平台上红起来的，其运营者张建伟在2013年辞去了工作，专门通过创作广告文案赚钱。当时，其创作广告文案收入就已经超过了他之前的薪水。截至2017年9月，天才小熊猫的微博粉丝为684万，公众号粉丝超过一百万，天才小熊猫创作广告文案的报价达到六位数。

《千万不要用猫设置手机解锁密码》是天才小熊猫最经典的广告文案："主人公在把玩一台指纹解锁手机时，使用了猫的指纹。当晚，他忘了给手机充电，于是第二天不得不抱着一只猫跑去公司上班。在经历了被地铁拒载、被出租车司机嘲笑、被同事围观的一系列挫折后，噩梦没有结束。由于PPT文件存在手机里，开会时，他不得不在众目睽睽之下，再一次展示用猫爪来解锁的秀逗行为。"

事实上，这是一篇为手机做宣传的广告文案，然而这并不妨碍粉丝在阅读的时候哈哈大笑。最终，这篇文案被转发17万次，阅读量超过一亿。毫无疑问，这是一次公众号运营者、广告主、粉丝的狂欢，每一方都获得了自己想要的。

与顾爷将产品植入深藏于文案结尾的文案创作风格不同，天才小熊猫的文案在开头就能见到产品,植入非常显眼。那么,天才小熊猫是如何做到让很多用户看得很高兴,并跪求其加快广告文案更新速度的呢?下面,我们总结了天才小熊猫创作广告文案的三个特征,内容如图2-2所示。

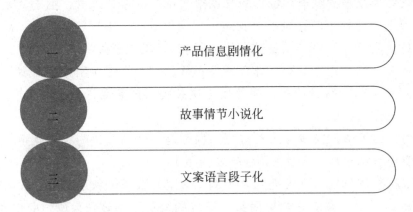

图2-2 天才小熊猫创作广告文案的三个特征

1. 产品信息剧情化

如果只是在文案中将产品作为道具植入,其产品特征、卖点等信息往往得不到充分的展示。顾爷的文案创作得非常好,唯一的缺点就是产品卖点植入太少。而"天才小熊猫"不仅将产品作为道具植入到文案中,还做了一个非常有创意的设定,让整个故事情节的发展围绕产品特征展开。

比如,在《千万不要用猫设置手机解锁密码》中,多处情节都与手机卖点有关:首先,整篇文案内容都是以本款手机触屏的安全性为主线展开的;其次,看似无意的剧情也是为了突出产品性能而设定的,比如,两天没有充电说明这款手机的电池待机能力非常强。

2. 故事情节小说化

天才小熊猫的广告文案总是给人非常享受的感觉。首先,天才小熊猫的脑洞很大,是当下年轻人非常喜欢的"逗趣"风格。其次,天才小熊猫的广告文案采用了小说的创作手法,读起来情节紧密相连,悬念迭出,让用户紧跟其节奏,就像在读小说一样。

比如,《千万不要用猫设置手机解锁密码》的情节发展脉络为:非同寻常地用猫爪做解锁设置→忘记充电→无可奈何抱猫上班→坐地铁被拒→出租车司机嘲讽→到公司后化解带猫尴尬→把猫带入会议室→当众用猫爪解锁拿出文件。天才小熊猫之所以将广告文案写得如此波澜起伏,一方面是为了给产品植入创造空间，另外一方面也是为了提升用户的阅读体验，减小他们对文案中植入广告的厌恶感。

3.文案语言段子化

天才小熊猫是段子界的标杆人物。作为一个2010年就火起来的老段子手，他创作的广告文案笑料不断。用户刚因为一个包袱笑完，下一个段子就接踵而来，而将广告文案当做段子来写最容易受到用户追捧了。

2.2.2 设置悬念式

从标题到文案开头部分，如果能够抛下不低于三个悬念，就很容易锁定用户，让他很难离开。设置悬念式的文案是牢牢锁定用户注意的重磅技巧。很多顶尖的文案策划人员都使用过这种技巧，屡试不爽。

设置悬念的目的是在用户大脑中连续发出为什么、怎么了、发生了什么等疑问，这种疑问越强烈效果越好。用户的好奇心越大，你能锁定他的注意力的机会越高。下面看文案撰稿大师盖瑞·亥尔波特（Gary C.Halbert）的顶尖文案是如何在信中通过设置悬念获得高度关注的。

文案一："亲爱的经理人：3年前的这个月，我认识了一位男士——当时仍是伊利诺伊州一间大型企业的副总裁——他走进老板的办公室，递出辞呈。两个星期后，他创办了自己的公司。"

第一个悬念产生了，大部分人读到这里会想，一个副总裁突然辞职了，原因是什么呢？第二个悬念紧接着到来，两个星期后就创办了自己的公司，为什么这么快？接下来，用户在好奇心的指使下会继续阅读。

文案二："亲爱的艾弗雷先生：如你所见，我在信中附上了1美元。我这样做是有原因的：因为这封信特别重要，为了确定你会阅读整封信，附上1美元以吸引你的注意。同时，坦率地说，我附上了这张钞票还有另外一个原因。这个原因我马上就可以告诉你，但是首先我想告诉你另外一件事，这件事必须在我阐述主要内容之前先告诉你。听好，我知道你住在俄亥俄州的马西隆地区。我从来没有到过那里，而且关于那个地方，我也不甚了解。为此，我查阅了美国地图，我注意到这个地方离克利夫兰南部大约有40英里。就因为这原因，使我对俄亥俄州马西隆产生了兴趣。"

文案三："亲爱的朋友：你想不想赚大钱？想不想成为百万富翁，甚至是千万富翁？如果你想的话而且如果你离波士顿不远，那么对你来说，机会来了。原因是：三年前，有个死于癌症的人，雇佣了一个非常聪明的女孩（她的智商达到170）进行一项调查研究项目找出在2000年到来之际，在波士顿获取财富的最佳方式是什么？"

通过以上设置悬念式文案，我们可以发现一些规律，即设置悬念式文案的内容策划遵循以下公式，如图2-3所示。

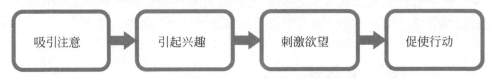

图2-3　设置悬念式文案的内容策划公式

很多人将大部分时间花在标题创作上，事实上给用户带来让其感兴趣的内容比一个吸引注意的标题更重要。文案大师们都是吸引用户的高手，连续几次的悬念设置让文案变得无法不让人继续读下去。这也是悬念式文案的魅力所在。

2.2.3　情感式软文

首先看什么是软文。软文有六大核心点，文案策划人员必须对其核心点进行全面、系统地理解，而且还要严格按照软文的六大核心点进行创作，这样才能写出一篇高质量的软文，如图2-4所示。

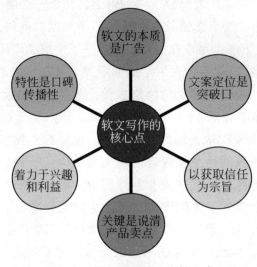

图2-4　软文写作的六大核心点

核心点一：软文的本质是广告

软文是一种隐性广告，其本质在于产品的营销和品牌的推广，不过软文属于隐蔽式的广告，与硬性广告相比，软文讲究的是个软字，软文的中心词语是文案，只不过是带有软性植入广告的文案，最好是原创性质的文案，而广告只是植入到内容里而已。

一篇优秀的软文，无论是用户体验还是软文本身的阅读性都很强。因此，软文既不会像标题党一样让人避而远之，也不会像叫卖式的低级广告那样让人麻木，软文既能让读者喜欢，又可以达到宣传目的。

核心点二：文案定位是突破口

文案定位是创作过程的第一步，明确的定位不仅可以让作品一鸣惊人，还会达到出其不意的效果。苹果公司的定位是"一切始于简洁"，小米手机的定位是"为发烧而生"，南方芝麻糊的定位是"小时候妈妈的味道"，加多宝凉茶的定位是"好喝不上火"。企业要在市场上占据一席之地，首先要有一个明确的定位，明确扮演的角色，以及能够发挥的效用和填补的空白。对企业来说，软文最重要的目的是激起粉丝的购买欲，那么受众定位是必不可少的。

核心点三：以获取信任为宗旨

成功软文的特点不仅是"软"，即能够以出色的文采博得用户的关注，更多的是让用户相信文案传递的内容的真实性，认同软文的观点。因为每一则文案所遇到的问题，不仅仅在于如何引起用户的注意，还在于如何令人相信。

软文的宗旨是获取用户的信任，只有做到了这一点，软文才算是符合用户需求的软文。否则，软文要么沦为硬性广告，让用户避之不及；要么流于卖弄文采，达不到宣传产品的目的。

核心点四：关键是说清产品卖点

什么叫卖点？产品的卖点也被称为兴奋点，是企业站在自身的角度，提供给用户的一个购买理由。产品最佳的卖点即为最强有力的消费理由，卖点也是产品满足目标受众的需求点。产品卖点往往比广告词更早出现，因此，卖点是文案推广的前哨战，而说清产品卖点也是文案推广的关键点。

核心点五：着力于兴趣和利益

一个显而易见的事实是，互联网时代缺乏的不是软文，而是好软文。

对于放在面前的任何一篇软文，人们能够读进去的量都是有限的。无论软文是否在推广产品，人们只看那些自己感兴趣的主题的软文，然后看其中说的那些有用的话。

核心点六：特性是口碑传播性

网络推广中最有效的方法是软文推广，而软文推广的最终效果体现为口碑传播性。口碑传播性，是指一个具备感知和处理信息能力的非商业传播者和接收者。心理学研究证明，有四种因素影响着用户对某一事物的看法和态度，它们分别是用户的家庭和朋友的影响、用户直接的使用经验、大众媒介对该事物的评价，以及企业的市场营销活动。而在这四种因素中，营销专家一致认为，口碑传播是市场中最强大的控制力。

不过，口碑传播也是一种企业希望操控却难以操控的力量。因为"口碑效应"属于自发行为，企业只能顺势去推动它，而不能像传统广告那样修饰产品。因为一旦企业加入了产品修饰和包装过程，那么对于用户而言，这些其他用户的体验、经验就失去了纯粹的第三方意义，丢失了"口碑"二字的意义。而且更有可能的是，在产品修饰和包装的过程中，口碑传播会被中止，或污染。

在软文圈里，咪蒙是最擅长情感式软文的微信原创写手之一。截至2017年9月，咪蒙微信公众号粉丝已经有1200多万，推送的每篇文案阅读量都是一两百万。咪蒙创作的文案主要涉及感情观、感情答疑、影评、个人形象塑造四个方面的内容。

涉及感情观方面的文案包括《夫妻间最大的矛盾是什么？阶级！》《为男人付出多少？底线是：你要输得起》《最高级的浪漫，就是柴米油盐鸡毛蒜皮》《只要前任老死不相往来，世界将变成美好的人间》等。

感情答疑类文案一般都是多数人感兴趣的话题，比如《异地恋怎么才能成功呢？》《如何对付爱搞暧昧的男人？》等。

紧跟热点并且有观点有态度是写影评的标准中最重要的一点。从紧跟热点看，在2015年9月25日《港囧》上映时，咪蒙写了影评。在2015年9月30日《夏洛特烦恼》《九层妖塔》《解救吾先生》上映时，咪蒙也立刻跟进了影评。从有观点有态度看，当用户对一个模子出来的影评产生审美疲劳时，另辟蹊径就显得很重要。咪蒙在文案中说过："切入点要独到，因为热点话题一出来，所有公号都会写，相当于命题作文，不能人云亦云。"

在大多数公众号都在讨论《港囧》不如《泰囧》好笑的时候，只有咪蒙站在赵薇在电影中的角色立场上，看到了大多数人都没有看到的部分——《港囧：斗小三的正确方式是，你要有很多很多的钱》。这篇文案在一周内的阅读量就达到了100万以上；在其他公众号都在谈论《夏洛特烦恼》有多么搞笑的时候，咪蒙却从另外的角度出发，写了《夏洛特烦恼：男人为什么总想搞自己的初恋？》等。

经过个人形象塑造，我们认识了活生生的、有感情的、平凡却努力的咪蒙，而不是高不可攀的"白富美"，拉近了咪蒙与粉丝之间的距离，增加了其在粉丝心中的亲近感和好感。

咪蒙之所以受到粉丝追捧，与其文章内含的特色不无关系，包括有用、有趣、共鸣、安全感四点。

用户关心任何信息，首先考虑的一定是对自己有没有用。包括天气、交通、美食等新闻资讯和增量信息都是对用户有用的信息。咪蒙写的《女人到底想要什么样的惊喜？》的潜台词就是如果你不懂女人，我的文案会对你有用；《如何对付爱搞暧昧的男人？》的潜台词就是如果你遇到爱搞暧昧的男人不知道怎么对付，我的文案会对你有用；《十一长假宅在家里看什么剧？》的潜台词就是十一长假没有旅游宅在家里不知道看什么剧，我的文案会对你有用。

有趣的内容对粉丝具有致命的吸引力，市场潜力也非常大。比如，做出冷笑话精选的微博大V的飞博共创上市了，其创始人CEO伊光旭已经身价过亿。咪蒙写的《我，一个矮子的史诗》《我承认，我就是个没尊严的吃货》《我是如何成功地把一家公司开垮的》都是非常有趣的文案，很多人留言说"笑得肚子疼"。

共鸣就是"与我有关""这怎么像是在说我""不转对不起自己"。咪蒙公众号的内容大多为原创，而且常常紧跟热点，用"泼妇"姿态抨击社会上的冷漠人性。这种"辣鸡汤"式的文案总是能够击中用户痛点，引起用户强烈的共鸣。

例如咪蒙创作的《致XX》系列文案阅读量都超过了百万，这些文案都是以生活中常见现象作为切入点的。这些现象包括一个人从来不和你联系，一联系就是借钱，你如果不借给他就说你冷血。朋友圈纷纷转发一条关爱动物，呼吁不要再杀生的文案，你如果不转发就说你没有爱心等。对于别人的指控，我们从来不解释，只能默默承受，而咪蒙却把这些用略带诙谐幽默、撒野以及精准的怒斥批判出来，让用户直呼过瘾。

咪蒙写的《为什么我们要这么拼？》抓住学霸、北漂一族的痛点，让他们自愿传播;《<康熙来了>教坏我们的那些事》在康熙粉丝圈中疯传;《当我说"你吃饭了吗",我说的是"我好想你啊"》让那些正在暧昧中的人们默默转发。

不同的人对于安全感的理解也是不同的,而咪蒙通过朴实的自我形象以及高频率的互动让粉丝对她产生了信任感以及忠实的黏性,而安全感则基于认识和信任感产生。

2.3 让利性文案

让利是最好的敲门砖,所有的营销本质上都是向消费者让利,因此让利性文案的撰写必须反映最实在的给消费者的利益,一句话抓住消费者的心,这样的让利性文案才能一下子刺激起消费者的购买欲望。下面向大家介绍几种促销方案。

2.3.1 满额促销文案

让利性文案涉及的促销方式有很多种,满额促销就是比较常用的方法之一,文案策划人员可以针对满额促销的具体形式和要求制定个性化方案。同时,满额赠促销活动是现在很多商家常用的促销手段,其形式多为一次性消费达到指定额,即可获赠相应赠品。比如,满2999元送同价值电压力锅或者是满999元赠手机支架等。一般来说,额度越高赠品价值也越高。

同时,满额促销活动也有不同的限制条件,比如限制区域、金额、时间、商品品牌、赠送品类以及消费金额等。总之,满赠促销活动要控制条件,这样方便商家把握整个促销活动的力度、流程和效果。

在满额促销活动中活动方式主要包括满额送和满额减两种。

从赠品角度看,满1万元送价值5000元家具一套,这是直接附带实物赠品的方法。另外,满额送促销活动的关键点主要有两个,即什么情况下要送,送的是什么。前者是达到"满"的要求,后者要给消费者礼品。赠品是用来凸显优惠促销的力度和诚意,所以,商家要确定赠品的品类、规格和相对价值。

相比满额送,满额减的核心则比较简单,就是直接抵扣现金,满1000

元就减100元，多买多减。这种方式对价格敏感型消费者比较受用，因为可以从这场交易中直观看到自己可以少掏多少钱，可能比那些赠品来得实际些。所以，商家要针对不同情况制定不同的满额促销文案。

2.3.2 特定周期促销文案

某天，杨丽在网上看中一件衬衫，犹豫要不要买，没想到过了几天，发现衬衫打折，她便立刻买下了。

原来，该店铺在文案策划中重点使用特定周期促销方式，在活动执行中也是按照文案制定的时间表进行，如在每周一10：00准时上新，特定新款单品会有半价的大力度优惠。选在每周一这个时间点定期上架也有大学问。"每周一发新款，先见先得，限量发售"是购物网站推出的特定周期促销优惠活动，意在提醒消费者，新款可不多，欲购从速。

特定周期促销具有指定性、重复性和多样性的特点。指定可以为消费者提供明确的活动时间，重复是按月或按周推出新品、打折优惠等，多样化的特定促销能够给消费者带来新鲜感和惊喜。

无论是每周一发新款先买先得还是每周一单品半价，简单的一句话就能明确指出活动日期和促销指向，便于加深记忆。消费者永远不会对真正的优惠促销活动厌倦，而文案策划人员的工作就是将促销活动的信息传达给消费者。

2.3.3 优惠券促销文案

大学生小刘下单购买了总价458元的护肤品套装后，店家赠给小刘一张优惠券，上面写着"持此优惠券，购物即减现金99元"。客服人员告诉小刘，下次只要一次性购买满199元的产品即可使用该优惠券，相当于满199元直减99元。

"下次再来，即减现金99元"属于优惠券促销文案。一则文案是否有吸引力，就要看其是否能够瞬间击中消费者的内心，产生驱动力。购物赠优惠券就是消费者比较喜欢的促销方式之一，因为使用优惠券相当于直减，在消费者看来这种看得见的优惠最实在，比抽奖赠金币等促销形式更有吸引力。

特别是在竞争激烈的快消品或护肤品行业，竞品品类繁多，友商的促销活动也很频繁，如果不能在促销方式上胜出一等，很可能被对手超过甚至被行业淘汰。而消费者对优惠券又如此钟爱,所以优惠券促销文案受到了商家欢迎。

一方面,赠送优惠券可以提高销量拉动业绩,有利于扩大知名度,另一方面,可以用优惠券形成重复购买链条,起到维护老客户开发新客户资源的积极作用。

当然,优惠券的类型不止本节提到的现金直减券,还有折扣券、现金券、礼品券、特价券、换购券、通用券等,总之各种类型的优惠券都是刺激消费者购物的一种手段,文案策划人员应当着重指出优惠券的好处,以最大限度发挥优惠券的促销作用。

2.3.4 主题性促销文案

每年5月的第二个星期日是母亲节。从促销角度讲,目标非常明确,就是以母亲节为主题开展促销活动,从消费者角度讲,有两类比较大的目标受众,一个在妈妈自己,另一个就是妈妈的儿女。尽管在中国,类似母亲节以及父亲节这样的西方节日并不像春节、中秋节这样的本土节日一样有传统习俗和情感基础,但是也是一个对象和主题鲜明的节日。

所以,文案策划人员可以针对这些特定的节日制定相应的促销活动方案,比如,母亲节特价,全场88折。这样的促销主题就将群体投向进店消费的用户,而模糊了是妈妈自己还是妈妈的儿女,具有很强的商业促销意味。

如果想要稀释商业味道,添加温情基因,可以在策划文案时,注入情感元素,这才符合节日性主题促销活动的基础风格。除了母亲节,其他的以节日为由开展的促销活动都要注意将产品或品牌巧妙镶嵌其中,情感第一,促销第二。针对以上信息,我们可以将母亲节的促销文案融入以下四点要素,如图2-5所示。

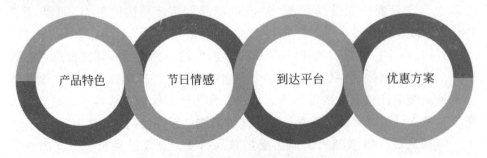

图2-5　母亲节促销文案的四点要素

1. 产品特色

母亲的家庭角色本身就覆盖多重群体特征，因此有很强的差异性。比如，同是妈妈角色却有不同的年龄、职业和地域等。因此，文案策划人员要将产品特色与母亲节以及母亲这一群体相匹配，包括产品名称、使用人群和特色亮点等。比如，将母亲节与搞笑拍照相结合，让儿女给母亲发自己的特色照片，突出拍照产品的优势。

2. 节日情感

既然是母亲节的主题促销当然少不了母亲这一主角，文案内容、海报风格等都要恰当加入与母亲有关的要素。比如，海报可以有母亲做家务这一场景，表达对母亲辛勤付出的感激。

3. 到达平台

促销文案是为了让更多的人看到，了解其产品和品牌，所以文案策划人员可以将促销信息的到达平台放在社交网站或社交工具，比如微信、微博、APP、H5网页等。另外，文案策划人员还要根据促销活动的量级确定传播层次，是以海报文案为主，还是深入线下，以海报文案为辅。

4. 优惠方案

不管是母亲节、父亲节或儿童节，节日主题性促销文案当然要有优惠折扣方案。让用户在兴致勃勃地看完文案以后，翻到底部进入商城链接或秒杀活动，最终关联销售才是促销文案的目的。

在策划节日主体性促销文案过程中，文案策划人员要注意以下三点，一要抓住用户痛点，以情动人；二要搭配合适的促销方案，达到产品促销目的；三要积累策划经验，只有取得真正的促销成果，促销文案才算是成功的。

2.3.5 组合式促销文案

2016年"双十一"当天，淘宝某西装品牌店铺推出组合套餐促销活动，参与活动的西装全场9.5折，购买任意一件西装，可以享受领带半价优惠，结算时自动减价。这种"西装＋领带"优惠打折促销就是让你放肆狂欢，购物买不停！

"购完西装，领带半价"就是典型的组合式促销文案，简单的语言让消费者能够瞬间理解这个文案在传递什么样的信息。

对商家来说，这种组合促销的优惠方式能有效提高客单价，还能多卖货。比如，消费者可能只想买一套西装，但是因为有领带半价的优惠，所以顺便买了一条领带。西装本身就和领带是天然组合，就像手机和充电器一样，所以，开展组合促销的有利点是产品本身的有机搭配，刺激产生不错的促销效果。

以淘宝店铺为例，如果店铺参加了淘金币、聚划算、折800等推广活动，会带来大量的流量，此时店铺又顺势推出了组合搭配促销版套餐，再做好关联销售，肯定能够拉动店铺的整体销售量，所以，组合促销的方式具有很强的销售优势。

在消费者看来，套餐价当然会低于单件相加的总价，反正都要用何不一起买？对文案策划人员来说，组合式促销文案成功与否的关键在于产品组合是否得当，是否能够瞬间吸引消费者的注意力，使其"一见倾心"。如果消费者本没有购物打算，但是看到这个组合式促销文案以后觉得产品非常有吸引力非买不可，就说明文案做得非常成功。

第3章 文案标题创作3大原则

一个好标题直接影响着文案是否可以吸引用户阅读、是否可以被用户记住、是否可以流传得很广。那怎样才可以创作一个非常好的标题呢?要知道每一个优秀的标题都预示着一篇爆文的诞生,而后便是滚滚而来的财富。下面一起看文案标题创作的3大原则。

3.1 价值性

价值性原则是最重要的文案标题创作原则。你的文案标题要尽量体现出你需要推销的产品或者服务能给受众带来的价值。简而言之，就是用户能从你的产品或服务中得到什么好处？你的标题要能够让用户知道，你的文案里有用户想要的东西。

3.1.1 指出利益点

指出利益点是价值性原则在文案标题创作中的体现，然而仍然有大量广告和产品文案忽视这一点。下面一起看哪些指出利益点的文案标题。《非油炸方便面，更健康》指出了"健康"这一利益点，用户知道了这款方便面可以得到健康这个好处；《不含硅油洗发水，头发不掉发》指出了"不掉发"这一利益点，用户知道了用这款洗发水不会掉发这种好处；《丰田汽车，维护费用低》指出了"维修费低"这一利益点，用户知道了购买丰田汽车可以降低汽车维护费用这种好处……。

通过金钱、地位、名誉等利益去驱动用户，可以让用户感觉点进去阅读会有收获，从而为企业带来流量。因此，在标题中使用成功秘诀、赚钱、抢红包之类的词语是一个非常好的方法。比如，《你敢来，我敢送！有奖竞答赢50元RMB》《大揭秘：创业先赚钱必须看准这七类人》《身价千万背后的生意经》《创业背后有靠山，20万创业礼包等你拿》等标题都获得了上万点击量。

下面，我们将体现利益点的标题分为五种类型，文案策划人员在创作利益类标题时，可以从这五种标题里选择，创作出适合你的标题来。五种体现利益的标题类型如图3-1所示。

1. 给予用户好处的标题

这类标题要成功吸引目标用户群的前提是研究目标市场，知道用户追求的利益是什么。研究了目标市场后，就可以将用户最想要的好处放在文章标题里。比如，针对寻找致富机会的创业者的标题《本信息化市场推广系统能帮你赚钱更快更多》《想不在财务报表上浪费太多时间吗？××软件帮你忙！》

图3-1 五种体现利益的标题类型

2. 赚取利益的成功案例

这类标题是一种综合性标题，构思比较耗费时间，但是推动力是非常强大的。比如，《这是知名教师如何教育儿子拿高分的办法》《10分钟做的一个站，2年里赚了100多万！》等。用户看了这种类型的标题后，总是不由得继续往下看，而两个标题远远好于《这里是教育你的儿子拿高分的方法》以及《如何通过网络在12个月赚到100万》。

3. 有利益保证的标题

这类标题通过利益保证结合其他类型，往往可以创造出更有效的标题来。比如，《女士们注意！我们保证让你皮肤更白更嫩，焕发青春，否则全额退款》《推出新一代技术型手提电脑，绝对不掉线、绝对摔不坏、永不落伍——100%保证！》等。有利益保证的标题适合用户经常产生怀疑的产品，当你的保证可信度越高的时候，你的标题就越吸引人。

4. 打折促销类标题

打折促销类标题非常容易理解，通过简单直接的利益诱惑用户购买，比如，《手机一律八折，到本周末为止》《所有干货折扣40%，只是星期二》等。在使用这类标题时，最好告诉用户你为什么打折，比如《八折促销——感谢新老客户的支持》等。

5. "如何"类标题

"如何"类标题是信息行业经常使用的标题类型，这类标题具有很强的针对性。一般来说,用户都具有好奇心,如果你能告诉他们"如何",用户就会感兴趣,从而点击阅读。比如,"如何测试销售方法让你大幅度提高销售业绩""如何在一周内通过互联网快速赚到钱""如何在30天里爆瘦20斤"等。

上述五种类型的标题可以分开来用,也可以合起来用,实践证明是非常有效的。文案策划人员应该明白一个道理:人们对自己的关注远远大于对他人的关注。如何让用户在上班途中看完一篇1000字的公众号文案?只要内容对用户有益,有利于用户获得利益,这样的公众号文案就是成功的。因此,文案标题的着力点应当是用户的兴趣和利益。为了深入探索用户的兴趣和利益,文案策划人员就需要将用户需求研究作为一门必备功课。

3.1.2 需求提升式

美国社会心理学家亚伯拉罕·马斯洛(Abraham Harold Maslow)将人类需求按照从低到高的阶梯顺序分为五种需求,分别是生理需求、安全需求、社交需求、尊重需求和自我实现需求。

文案策划人员可以从这五个方面入手,层层递进,抓住用户的兴趣点和利益点。例如饮料厂商娃哈哈在官方微信公众号上发布的一篇文案标题为《保持好身材的五大秘诀》,吸引了众多追求健康生活的用户点击阅读。

文案开篇引入一个观念"一定要吃早餐",否则"不仅不能减肥,长期不吃早餐会导致胃溃疡、胃炎、消化不良等疾病;饥饿时血糖降低,会导致头晕、注意力不集中、记忆力减退,严重时甚至影响大脑功能,导致智力下降。所以,早餐一定要吃好。"不过在第一个秘诀末尾,运营者加了一句话:"如果实在来不及,可以来一瓶营养快线嘛,水果加牛奶,精神一上午。"

文案中间介绍了另外三个秘诀,"坚持散步""学会喝水""多吃水果蔬菜和粗粮"。这三个秘诀都没有提及娃哈哈产品,让用户感觉这的确是一篇实用性文案,满足了用户追求健康生活的需求。

文案提出的第五个秘诀是"每天一杯酸牛奶或者乳酸菌",自然而然推出娃哈哈乳酸菌饮品的健康诉求。这一段先是介绍肠道在人体中的重要性,提出乳酸菌"帮助消化,有助人体肠脏健康"的概念。然后,文案介绍娃哈哈乳酸菌饮品包含的6种乳酸菌及各自的功能。文案以一句话结尾:"零脂肪,无负担!常喝肠轻松,常喝肠舒畅!为了完美身材,让我们一起加油吧!"

首先,文案策划人员可以从人类最基本需求入手制作标题,但如果竞争对手已经率先使用了这类标题,那么就应该从满足人类较高层次的需求入手。比如用户面前有两篇文案,一个标题为《教你如何擦鞋》,另一个标题为《教你如何在约会前把皮鞋打理好》,那么,用户选择打开后一篇文案阅读的概率远远高于前者。

为什么两个标题相差无几,但是带来的效果却大相径庭?因为后者切入了人类更高层次的追求,在情感上引发了美好的联想,让用户有了受尊重的感觉。文案标题不仅要着力于用兴趣和利益诱惑用户,更要注意不断提高满足用户需求的层次。

3.1.3 价格降低式

降低价格也是为用户提供价值的体现,因此价格降低式标题也能很好地吸引用户点击。2016年京东618品质狂欢节前夕,国美在线正式公布618大促活动主题"不说话,只比价",其意图直指京东的品质狂欢节。国美在线官方规定,618活动期间,国美在线自营全系商品均参加比价,对标京东商城买贵差价三倍返,最高返300元。

对此,国美在线CEO李俊涛解释称:"'不说话'的意思是不说大话,不造噱头,为用户带来真正的实惠和便利。"也就是说,国美在线直接给京东下了战书,"哥们,来,咱俩比价看实力",京东想不应战都不行。

事实上,低价一直是国美在线对外宣传的重要策略,但不以巨亏为代价,而是旨在创造健康可持续的电商新模式,为用户带来真正的实惠。

价格降低式文案标题无疑将国美在线推到了价格风口,全线产品敢于直接参与比价,差价三倍返,既是对用户的承诺,也是对商品价格的自信。特别是价格敏感型用户,这种最低价的优惠政策确实有很大吸引力。

对企业而言,价格优势固然是天然屏障,能够以此收获不少价格敏感型用户。但价格是随着市场波动的,今天一款产品在我们这里低价,明天可能就是竞争对手便宜5元。在这种天然矛盾下,比价的生存空间会越来越狭窄。

所以,文案策划人员在创作文案标题传递价格降低的同时,可以适当加入以下三种元素,向用户传递更多信息。

1. 物流系统

在价格降低式标题中，文案策划人员可以加入物流系统信息，让消费者知道为什么我们的产品价格降低。比如，物流优势降低了交易成本，缩短了消费者等待时间。

2. 规模优势

众所周知，地方性特色产品在当地的价格会非常低，而运输到外围市场销售售价则会高出许多。价格降低式标题中可以加入规模优势信息，告知用户企业在生产该产品时体量大，压缩了生产成本，所以价格低。

3. 电商渠道

销售价格直接受益于生产成本低，特别是电商渠道，没有中间环节赚差价，价格当然便宜。文案标题中宣传价格低的时候可以提出渠道优势。

价格降低式标题中除了要强调价格优势，还要向用户传递更多信息，让用户明白为什么我们的产品价格比竞争对手便宜，即物流、规模以及渠道方面有优势。当然，除了以上信息，影响价格的因素还有很多，文案策划人员可以根据实际情况选择，不局限于这三点。

3.2 趣味性

在移动互联网时代，并不缺乏文案，只是缺乏好文案。对于放在面前的任何一篇文案，人们能够读进去的量都是有限的。无论企业推送文案的目的是什么，人们只点开那些自己感兴趣的文案。因此，创作标题时的首要任务是通过趣味性引起用户的兴趣。

3.2.1 满足兴趣式

互动游戏是现在很多企业都会使用的内容推送形式，由于其趣味性吸粉效果显著，吴晓波频道就是非常擅长这种推送内容形式的公众号。下面我们重点谈谈互动游戏形式的内容推送。

举一个事例：我曾经在朋友圈看到闺蜜分享的一篇文案，文案大概是讲烧烤食物不卫生会对人体产生巨大危害。通常情况下，公众号只要发布一篇文案，再提醒用户关注公众号就可以了。可是，这篇文章下面有一个趣味测试题，内容为"女孩子身上有一个部位，男朋友只能碰一次！女孩子身上有一个部位，爸爸妈妈可以碰两次！男朋友只能碰一次，老公不能碰！问：这是啥？你想到答案了吗？如果实在想不出答案的话，微信搜索关注××××，关注后回复'碰碰'，快速获知答案！"

想了很久，我实在想不出答案是什么，而又想知道答案是什么。于是，关注了该微信公众号，并且回复了"碰碰"最后知道了答案。答案是嘴唇，原来当我们读"爸爸"或"妈妈"两个字的时候嘴唇会碰到，"男朋友"三个字中"朋"碰到了一次，而"老公"就完全不会碰到。

对于这样的测试，很多人都吃这一套。不过，为了验证这种互动游戏形式的效果，我推荐一个朋友使用这种形式吸粉。没想到，他只有两千多粉丝的公众号在第二天早上竟然有一半以上的粉丝参与了互动，想知道答案是什么。而且，新增粉丝将近一千。这说明，互动游戏形式的内容具有非常大的吸引力。

这只是一个小小的测试游戏，很多人都忽略了它的作用。网上有很多相似的趣味测试游戏，大家可以试一试用这个方法吸引用户。当然，我们还可以利用其他一些互动游戏来吸引用户，举一反三，把趣味测试游戏做得更好，以此实现引流目的。

下面，我们一起看一个自媒体通过猜谜游戏类消息与粉丝互动的案例。

一年一度的春节是一个购物季。在这种情况下，某自媒体人为了活跃粉丝，制作了一个猜谜游戏类消息"你猜，这个拿来干吗？里面装的什么"，通过这类游戏与粉丝互动。

这个图文消息很简单，就是一个篮子图片和一句话。结果显示，参与互动的粉丝达到156个。该自媒体营销人使用了提问的方法来进行互动，吸引粉丝们踊跃参与。因为每个人都有好奇心，粉丝们一定会好奇这究竟是拿来装什么的。依据正常的逻辑思考，这个篮子可能是用来装鸡蛋、饼干之类的东西，最多会联想到马上春节了，拿来装糖果瓜子等。然而，该自媒体人最终给出了一个意料之外的答案，是拿来装其家乡特产番薯的。

在粉丝们不断留言的过程中，自媒体人需要不停地查看留言，及时回复每一位粉丝的发言，然后整理总结粉丝们的发言。比如，当大家都在猜测该篮子用来装鸡蛋的时候，该自媒体人回复说："猜对的送一篮给你哦，是好吃的哦。"于是，大家的参与热情就更大了，留言互动也更加频繁。中间，该自媒体人时不时地回复说："目前还没人猜对呢！"

这样会使得大家更加好奇，于是又继续留言猜答案，有些粉丝还会二次留言。经过一段时间后，该自媒体人公布了答案。尽管没有粉丝猜中，该自媒体人依然给活跃度高的几位粉丝发放了奖品奖励，粉丝们非常满意。

3.2.2 满足好奇心式

人人都存在好奇心，疑问型标题就是典型的满足好奇心式标题。"人人都是产品经理"微信公众号曾经发布《产品经理范冰冰做对了什么？》一文，凭借高点击率登上公众号热门文章排行榜。

当然，我们接下来不聊八卦，我们聊的是疑问型标题对用户的诱惑力。"人人都是产品经理"通过疑问引起用户的思考，让用户不由自主想知道范冰冰到底是怎么做产品经理，又是怎么做好的。

文中详细介绍了产品经理的任务以及范冰冰是如何一步步切中要害的，包括准确定位用户群体，掌握年轻人群的心理诉求，泛娱乐化战略，营销模式从广泛曝光到深度互动，粉丝经济及衍生。

文案策划人员创作疑问型标题，通过向受众寻求帮助或提出疑问，可以让受众产生共鸣，增强互动的可能性。例如《做公益，如何盈利不饿死？》《没有运营的产品怎么火？》等。采用疑问型标题的文案，大部分都是经过认真策划的。疑问型标题需要一定的技巧，那种太过于简单、意义不大的问题，并不能引起用户的注意、达到互动的目的。

文案策划人员想要创作吸引人的文案内容，首先应该赋予文案一个富有诱惑力、震撼力、神秘感的标题。

古装传奇剧《琅琊榜》播出之时收视率一直居高不下，为什么这部剧会引起广泛的关注？很大程度是因为一个接一个的疑问和扣人心弦的剧情，观众总猜不出下面一集剧情的走向，因此会一直观看这部剧。文案策划人员创作文案标题时也是如此，应当在标题上埋下伏笔，让用户惊讶、产生猜想，继而产生阅读正文的渴望。疑问型标题应该具有趣味性、启发性和制造悬念的特点，而且能够引发正文作答。

例如防锈产品企业为其官方微信公众号撰写的文案标题是《什么让他的爱车走向了不归路？》，红酒企业撰写的标题是《十年里发生了些什么事？》等。

3.3 紧迫感

如果文案标题能够给用户制造紧迫感，让用户迫不及待点开文案，那么标题的目的就达到了。一般来说，紧迫感标题适用于促销打折类文案。

3.3.1 时间紧张式

大家在日常生活中都有这样的体验：如果我们所做的事情被规定了最后期限的话，那么我们就会感到有一种压力促使我们迅速采取行动来将它完成；如果没有最后期限的要求的话，我们很可能会一再拖延。客户购买产品时也是一样的，如果商家给他规定一个销售的最后期限，那么他做决定时会容易得多。时间紧张式标题就是商家给客户规定购买期限的标题。

比如，一位淘宝客服对客户说："我们促销的时间就是这两天，以后就没有优惠了，所以现在买是最划算的时候……不然您得多花好几十元呢，省下的钱拿来买点儿别的东西多好……"淘宝客服为客户下单找到了一个充分的理由——促销时间即将结束，以后不可能再有这样的优惠。大部分客户听到淘宝客服这样说很可能会立即采取购买行动。某淘宝商家限时促销文案图片如图3-2所示。

图3-2 某淘宝商家限时促销文案图片

现在很多淘宝卖家都知道了限时促销的重要性，经常在一些特殊节日里举办限时促销活动，比如春节、情人节、"双十一""双十二"等。一般来说，限时促销的时间为一至三天。

在促销的时间设置上是非常有讲究的。比如某个产品在某个时间段里做促销，那么这一段时间应当能保证想要购买的客户都能买得到，让80%以上的客户都能享受到这样的优惠。另外，订购时限也不能过长，时间太长的话，对促销的活动时间限制就没多大的意义了。要是每个客户都能买上你的产品的话，那么客户也会降低期待的购买欲，同时还会失去客户下单购买的积极性。

限时促销的优惠力度上不能太大，优惠太多会让客户觉得你的产品没有保障。在大型的限时促销活动里，正常情况的折扣都是设置在三至五折之间。如果淘宝商家想要长期搞限时促销的话，设置的折扣一般为六到八折。当然，如果一年四季都是一成不变的限时促销活动，客户知道后的购买欲将会大大降低。

总之，限时促销是一个效果非常好的促销方式，也许会让淘宝商家在短时间内取得前所未有的成绩。限时促销不仅抓住了客户害怕得不到的心理，刺激了客户的购买欲望，还会在人气、销量、排名、流量、营业额等方面对店铺有一个大大的提升。

3.3.2 机会紧张式

有一个犹太商人拿着三件稀世珍宝到一个大型的拍卖会上出售，一共开价两千万美金。第一次出价，根本没人回应。

这个商人当机立断，打碎了一件，人们在惊讶之余都感到很痛惜；第二次出价，两件仍开价两千万美元，可惜还是没人买，于是商人又打碎了一件，众人大惊，情绪波动十分强烈；第三次出价，只剩一件珍宝了，商人仍开价两千万美元，众人皆抢……

俗话说，物以稀为贵。在销售过程中，当客户感觉某款产品缺乏的时候，会有一种怕得不到的紧迫感，然后毫不犹豫地购买。针对客户这样的心理，很多淘宝商家经常开展限量发售活动，向客户传递出"再不买就没有了"的信息。这时，客户往往会选择在此时进行"疯狂购物"，就算价格比同类产品高一些也乐此不疲。

比如，当客户遇到换季清仓大甩卖时，他们往往会表现得很积极，不用你多费什么口舌，他们就能立即购买。这就是因为甩卖的产品数量有限，他们必须要在货品被"抢光"之前立即下单购买。否则，"过了这个村，就没这个店了"。

设想一下，当你对是否购买某件物品拿不定主意，可以将这件产品加入购物车，之后随时可以购买时，你会马上做出决定吗？也许你还要犹豫上好几天。但是，如果这时淘宝客服对你说产品只剩下一件或两件，随时都有可能销售一空，而且不会再上新货，那么你就必须马上做决定，成交的可能性会很大。

机会紧张式标题就是通过制造紧迫感促使客户下单。如果你的产品在同行中具有优势，就可以策划这样的促销文案。如图3-3为淘宝某食品专营店的鱼罐头产品详情页。可以发现，该产品的原价为72元，现价为29.5元，促销力度是非常大的。其标题"茄汁鲭鱼罐头120g×6罐礼盒仅亏一天明天恢复原价"表明产品的优惠力度大，第二天就会恢复72元的原价。在活动当天，该款鱼罐头的成交量达到1000单。

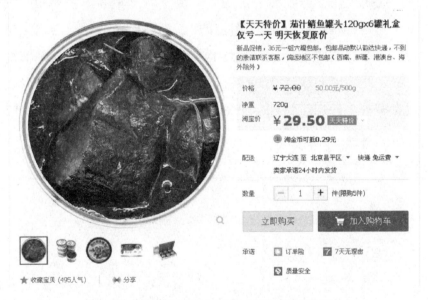

图3-3　淘宝某食品专营店的鱼罐头产品详情页

向客户表明产品随时恢复原价的方法可以在一定程度上刺激客户作出购买决定，但是这一招不能随便使用。假如你告诉客户产品会在两天内涨价，结果客户购买后发现产品一直都是那个价格，没有涨价，客户很可能会生气地指责你是骗子，从此再也不来你的店铺买东西。

另外，关于标明原价，通过优惠刺激客户购买的行为，淘宝也发布《淘宝价格发布规范》对商家进行约束。该公示对于防止商家虚构原价，虚假促销起到了很好的防范效果。

第 ④ 章
文案标题中的3大特殊字符

众所周知,标题在一定程度上决定着文案的点击率和阅读量。当各种各样的文案出现在用户面前,标题的作用会越来越大,一个具有吸引力的标题终将获得更多的点击。在这种情况下,一些使用特殊字符的标题获得了更多的关注,比如疑问型、数字型等。使用了特殊字符的标题看着很有趣,也能很好地吸引用户眼球。

4.1 疑问型

疑问型标题也叫设问式标题，文案策划人员为了引发用户的好奇心，增强互动性，通常会采用疑问句和反问句作为文案标题。设置疑问型标题的核心点是在标题中提出问题，然后在正文中围绕这个问题展开论述。

4.1.1 疑问型标题增强互动

想要创作吸引人的文案内容，首先应该创作一个富有诱惑力、震撼力、神秘感的标题。例如《还没开始用手工皂？你太OUT了》，这个标题通过反问和热门词"OUT"的组合，锁定目标受众，一个充满神秘新鲜感的标题，使这篇文案获得了大量的转载和关注。

电视剧《潜伏》播出当年，收视率一直居高不下，为什么这部剧会引起广泛的关注？很大程度是因为一个接一个的疑问和扣人心弦的剧情，观众总猜不出下面一集剧情的走向，因此会一直观看这部剧。文案策划人员创作文案时也是如此，在标题上埋下伏笔，能够让用户惊讶、产生猜想，继而产生阅读正文的渴望。

疑问型标题应该具有趣味性、启发性和制造悬念的特点，而且能够引发正文作答。例如食品类企业撰写的文案标题是《高端乳酸猪肉是忽悠吗？》；培训机构撰写的文案标题是《他是如何从失败中奋起，进而走向成功的？》等。

4.1.2 苹果公司疑问型标题引热议

苹果公司为旗下的音乐应用——苹果音乐撰写了一篇标题为《苹果公司能否撬开中国人的钱包？》的文案。文案分析了苹果音乐在中国市场遇到的问题："不是本土的竞争对手，而是中国消费者根深蒂固的免费观念，这是中国市场的禁区，连BAT都不敢随便踏入的地方。"

文案首先介绍了苹果音乐："Apple music，俗称苹果音乐，上线大概已经三个月了，美国用户的免费试用期基本结束，大家正忙着取消订阅，专家们乐观估计，能继续续费订阅的消费者应该在350万左右。同时，苹果音乐也大胆地进入了大中华地区。自此，iPhone 6s上又激活了一个僵尸应用，至少在免费试用期，苹果音乐app是能点击的，只是不知道3个月之后会不会又变回僵尸。其实，Apple music只是苹果推出的一款流音乐服务，内置于iOS原生的'音乐app'之中，不再需要用户单独安装一个新的app。"

此外，文案还指出苹果创始人乔布斯的相关做法"乔布斯没有把消费者当上帝供着，他只是提供最优秀的产品，让被其它企业奉为上帝的人们通宵排队购买。"文案接下来讲述苹果音乐的收费服务在中国面临的困难，做出推论："苹果音乐来华，最大的优势就是其品牌影响力，以及这个企业之于消费习惯的培养能力。苹果依靠其强大的硬件创新能力，在全世界范围内培养了一个叫'花6000块买一部手机'的消费习惯。"

如今，苹果正利用相同的手段来培养中国消费者新的习惯。中国付费音乐需要长期沉淀和深耕。国内企业做不到，他们比较注重短期效果，不到万不得已不会进行长期投资。相比之下，苹果有巨大的硬件优势以及改变世界的情怀，擅长做一些需要长期沉淀的东西。事实上，在iPhone之前，没人敢用一年的时间去研发一款手机，但事实又证明，好的产品值得等待。

在苹果公司发布这篇文案之后，果粉们沸腾了，对于"苹果公司能否撬开中国人的钱包？"进行了热议。有些用户认为付费音乐是一种必然趋势，苹果在这种趋势下，能够抓住机会，打开国人钱包，还有一些用户对于苹果音乐在中国的发展前景表示担忧。无论用户持哪种观点，苹果公司发布这篇文案的目的达到了。

通过苹果公司的案例可以看出，疑问型标题总是能够以"问"呼人，让受众感觉亲近，更加乐于参与。拉近人与人之间距离最简单的方法莫过于打招呼，就像中国人见面都会问的一句话，"吃了吗"。显然，疑问形式的标题可以让受众通过思考和回答增强互动性。

4.2 数字型

数字型标题指的是通过总结性数字激起用户点击欲望的标题，比如《能快速捕获女人芳心的10个细节》《36条人生金律，看到第12条毫不犹豫地转了……》《文案大师总结的10条文案策划经验，我后悔这么晚才看到》等。数字型标题在微信、微博、QQ空间里出现得非常频繁，因为人天生对数字敏感，总结性的数字更是具有超高的吸引力。

4.2.1 数字型标题的三个好处

具体来说，使用数字型标题有三个好处，让阅读变得更有效率、说明文案架构和重点、表达形象生动等。下面分别讲述数字型标题的三个好处，内容如图4-1所示。

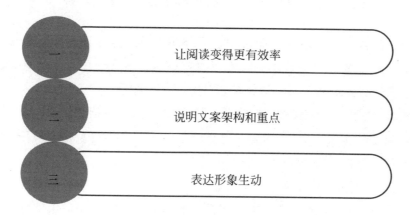

图4-1 数字型标题的三个好处

1.让阅读变得更有效率

数字型标题容易引领用户的思路，用户不需要经过大量思考就能完成阅读。用户的时间非常宝贵，所以文案策划人员要做的就是让用户在短时间内获取大量信息，而数字型标题会比不带数字的标题更容易被用户接受。

2.说明文案架构和重点

数字型标题能够说明文案架构和重点，让用户在阅读正文之前对内容有一个大致了解，确保不浪费时间。这种读完标题后产生的大致了解有助于用户产生这篇文案条理清晰的倾向性，同时对于读完文案花费的时间有个预估，而且可以快速在文案中找到他们想看的点。一个有大致概念，条例清晰的文案比一头雾水的文案更容易被用户接受。

3.表达形象生动

标题里使用数字可以表达得更具体、更加形象生动，有助于激发用户的阅读兴趣。举例来说，《标题中使用数字的好处》这个标题显得很空洞，不知所云，无法激发用户对于正文的想象和预测，标题对于用户点击浏览正文的影响不大。相比之下，《标题中使用数字的三个好处》就比较具体，用户会想好处究竟是哪三个,是否是自己内心猜想的三个。标题只有成功激发用户的好奇心,才对文案的打开率有帮助。

值得一提的是,标题里使用奇数比偶数更能吸引用户阅读下去。

4.2.2　好标题与坏标题之间只差一个数字

很多时候,我们发现,明明自己写得很好,但就是点击率非常低,为什么呢?很重要的一个原因是标题写得不够好,没有让用户产生想看的欲望。事实上,好标题与差标题之间仅仅差了一个数字。

比如,《用了这个面膜,我的皮肤变好了》和《只用了3天,这个面膜就让我的皮肤焕然一新》《学习了这个课程,我涨了工资》和《学习了一个月的课程,我的工资就涨了5倍》和《文案小白必备的7个标题公式》《让淘宝店日进斗金的运营秘籍》和《这10条运营秘籍,让他们的淘宝店月入百万》,你更喜欢前面不带数字的还是后面带数字的呢?相信大部分人都会发现,加入数字后的标题更能吸引人看下去。

所以说,文案策划人员要多使用数字型标题。当标题中出现了可以"数出来"的名词时,最好加上数据,比如月薪、方法、秘籍、套路、公式、秘密、分享数、转发数等。《3个文案秘籍,让你的广告点击率提升100%》《从220斤减到140斤,我只用了3个月》《从220斤减到140斤,我只做了一个动作》《创业3年,我给父母买了300平大别墅》都是成功的数字型标题。那么,文案策划人员到底该如何在标题中使用数字呢?下面是在标题中使用数字的注意事项,内容如图4-2所示。

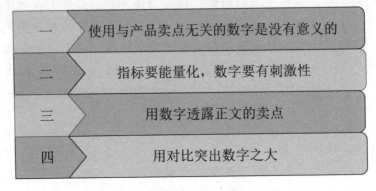

图4-2　在标题中使用数字的注意事项

1.使用与产品卖点无关的数字是没有意义的

与产品卖点无关的数字只是数字,是没有意义的。比如《这个学校用200节课,300个案例,让我的工资涨了不少》明确表明了课程和案例的多少,但是与"学了就涨工资"这个主题没有关系,所以数字没有为标题加分。如果改成《学习了一个月的课程,我的工资就涨了5倍》,能更好地说明用很短的时间就能涨工资的主题。

2.指标要能量化,数字要有刺激性

举例来说,《苹果的营销攻略,都在这篇文案里了!》这一标题比较普通,没有太强烈的数字刺激,应当放入一个数字引起用户的关注。而《苹果创造500亿美元利润的秘密,都在这篇文案里了!》就非常能吸引用户眼球。

3.用数字透露正文的卖点

举例来说,《苹果创作500亿美元利润的秘密,都在这篇文案里了!》可以改成《苹果创作500亿美元利润的秘密,都在这72页PPT里了!》用数字透露正文中的内容卖点,可以凸显文案的干货,吸引用户阅读。

4.用对比突出数字之大

举例来说,《文案小白终于拿到了7千月薪,分享我的血泪奋斗史》这个标题非常直白,没有对比,用户读起来对多少没有概念,所以效果不是很好。如果改成《一年之内月薪翻10倍,分享一个文案小白的血泪奋斗史》会产生对比,突出数字之大,让用户自动进行脑补。

4.3 特殊词汇

标题里面使用一些特殊词汇可以吸引用户眼球,比如"货到付款""全国联保"等承诺词汇,"内部邮件""独家爆料"等带有私密属性的词汇,以及"最大VS最小""之前VS之后"等利益对比词汇。

4.3.1 承诺词汇

2017年6月18日是父亲节,京东商城的男士用品专区开展节日优惠打折活动。恰巧张先生之前看中一款吉列剃须刀，当时售价480多元，现在优惠价格为400元。在张先生犹豫是否要买的时候，商品详情中卖家标注的一行醒目文字引起了他的注意："七天无条件退换"。看到这个承诺，张先生有了底气，心想：反正可以七天无条件退换，而且还是品牌，肯定差不了！于是，张先生买下了这款剃须刀。

可以看出来，促使张先生最终决定下单的不是优惠了80多元，而是有了一种心理安慰。张先生买剃须刀肯定不是为了享受退货的"乐趣"，而是使用剃须刀这个产品。而店铺的"七天无条件退换"承诺无疑加速了张先生做出决策。

从消费心理学角度讲，消费者希望得到无理由无条件退货换货的承诺并不是真的会先买再退，而是为了获得保障，以便降低自己可能要承担的潜在风险。很多时候，自己买回来可能会发现不喜欢，而卖家以无质量问题为由，拒绝退货，那么自己就只能为这件不喜欢的产品买单，这就显示了"七天无条件退换"对用户的重要性。

有些商家会说，我答应无理由退换货，要是买家故意或有任何一点点瑕疵都要退换货，我的损失岂不是很大？为了回答这个问题，我们先了解禀赋效应。

美国行为金融学奠基者、芝加哥大学教授理查德·塞勒（Richard Thaler）对此进行了深刻研究。理查德·塞勒教授认为，人们对所拥有的东西会随着时间的增加而降低对其负面评价。也就是说，人们对一件物品拥有的时间越长越认为它本身就属于自己，如果放弃则会非常心痛，甚至忽略之前的负面评价。这就解释了用户对某件商品本来有不满意的地方，但时间久了就习惯了的原因。

依照"禀赋效应"，商家应当为消费者制定较为宽松的退换货政策。虽然短期内可能导致退货率和换货率增加，但从长期来看，宽松的退换货政策反而让消费者不会频繁退换货。

综上所述，文案策划人员在创作标题的时候，要站在消费者的角度想问题，才能做出优秀的文案，吸引消费者下单购买。下面是在标题中使用承诺词汇的三点积极意义，如图4-3所示。

一是消除用户疑虑。如果没有七天无条件退换货的承诺条件，消费者可能会因为担心潜在风险而取消购买计划，害怕买了不好砸在手里，而承诺词汇则有效消除了用户的这种疑虑。

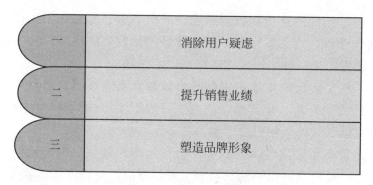

图4-3 标题中使用承诺词汇的积极意义

二是提升销售业绩。承诺条件可能无法直接带来销售额，但是这种承诺本身是促进销售的有利条件，有助于产品获得消费者认可。

三是塑造品牌形象。对于知名品牌来说，消费者的心理预期比较高，如果因为退换货政策产生纠纷，会大大降低品牌在消费者心中的地位。用户甚至有可能流失到竞品或友商那里，这样就得不偿失了。而承诺词汇则会提升用户的安全感，进而有利于塑造品牌形象。

综上所述，在文案标题中使用承诺词汇具有非常明显的积极意义。即使发生退换货，商家也要协调好和用户之间的关系，积极解决问题。

4.3.2 带有私密属性的词汇

大卫·奥格威（David Ogilvy）认为，"人的猎奇心理是无穷无尽的，可以采用新奇的说法、新颖的形式、独具特点等特殊的手法，使用户产生强烈的好奇心，从而引发其继续读下去的欲望，这样的标题很容易成功。适当使用'不同寻常''奥秘''秘密'等一系列的词语可以写出诱人的内容，对目标受众发挥重大作用。"

大多数人都有猎奇心理，针对这种心理，在标题中使用带有私密属性的词汇是百试不爽的。很多文案标题使用"内部邮件""独家爆料""揭秘"等带有私密属性的词汇就是这个道理，例如《我可以偷看女生的手机吗？》《揭秘：××团队是如何操纵互联网舆论的》《爆料：××黑导游事件起因》等。

通常情况下，文案标题可以通过使用带有私密属性的词汇增强私密性，引起用户点击阅读。这就好像我们在大街上看到一位"美女"或者"帅哥"

的背影，通过他们的身材初步判断应该长得不错，那么我们就想看看他们到底长得什么样。对文案来说，这个背影就是我们的标题，只要第一眼给大家留下了好印象，就能够大大激发用户的兴趣。

另外，在文案标题中使用省略号设置悬念也能增强文案私密性，从而激发用户的阅读兴趣。设置悬念的方法可以引发用户对具体内容的好奇心理，而且只能通过阅读自己去了解。

当然，带有私密属性词汇的标题会引起用户关注，但是我们的内容也必须做好，不能让用户点击阅读后有失望的感觉，这样才能造就爆款文案。

4.3.3 利益对比词汇

用户在购物过程中，"货比三家"的根本原因是希望通过对比，让自己的利益最大化。作为文案策划人员，可以顺着用户的思路，主动为用户提供利益对比后的结果。如果你的产品在利益对比中优势明显，在趋利心理的作用下，用户自然会选择你的产品。

信息大爆炸的时代，用户不是获取不到信息，而是获取不到有效的信息。当用户去搜索一个内容时，刚输入两个字符，搜索引擎就自动推荐了大量相关却又无用的信息。这不是重点，重点是用户花了很多时间看完这些信息时，发现没有一条是自己想要的内容。

今日头条是一家新型的新闻推荐引擎，这个引擎更加智能化，能够通过用户的搜索记录，分析用户的喜好与需求，进而推荐一些个性化的新闻。正如，今日头条使用的文案标语："你关心的，才是头条"。

与传统搜索引擎相比，今日头条确实能够解决大部分用户偏好性需求问题。所以，当今日头条的这则文案出来后，与同种类的新闻发布平台形成了强烈的利益对比，这种利益对比正是用户需要的。这就是在与没有个性化推荐引擎的新闻客户端做利益比较。如果你是用户，通过这一比较，你会选择哪一个新闻客户端？

不少文案策划新手总是给自己的文案创作一个"绝对正确"的文案标题，我们将关键词摘录如下，如图4-4所示。

这些标题无一例外都是在向用户宣告一个"正确"的消息。然而，用户却并不会对这种标题感冒，因为这些对用户是无用的。文案策划人员需要明确的是，用户是有思想的人，不能以敷衍的态度对待用户。要想让你的标题吸引人，多下一些功夫是必要的。

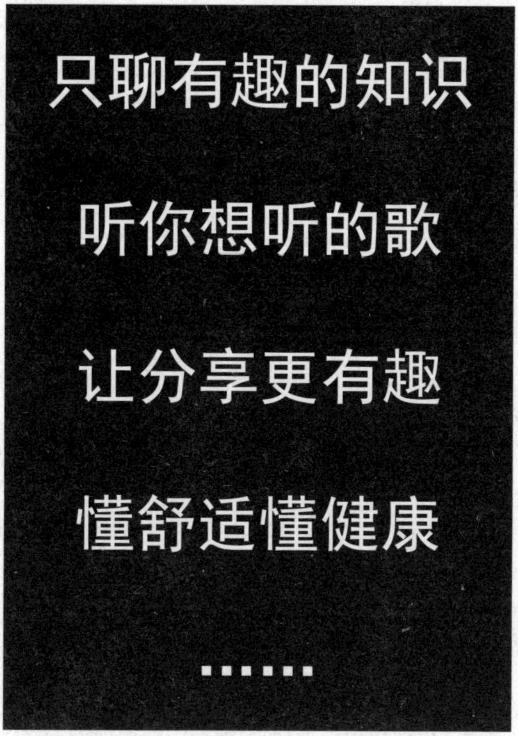

> 只聊有趣的知识
>
> 听你想听的歌
>
> 让分享更有趣
>
> 懂舒适懂健康
>
> ……

图 4-4 "绝对正确"的文案标题

其实，在标题中进行利益对比时有很多可供选择的方式，例如，"最大 VS 最小""之前 VS 之后""快 VS 慢""有 VS 没有"等。利益对比的方法还有很多，例如"加量不加价""保修三年""无需下载"等都是能改变用户决策的利益关键点。

第 4 章 文案标题中的 3 大特殊字符

第5章
文案标题的11大类型

标题是文案内容的高度概括,如果概括都没什么亮点,很难想象内容会有吸引人的地方,更重要的是,用户在网上基本都是快速浏览,如果标题不能在几秒钟之内抓住用户的眼球,用户就会离开。下面一起看文案标题的11大类型,希望大家都可以练就成标题高手。

5.1 利用用户心理

如果标题能够抓住用户心理，就很容易吸引用户点击阅读正文。比如说，权威性标题利用权威效应让用户在权威的带动下点击阅读，急迫性标题利用稀缺效应让用户迫不及待展开购买行动等。

5.1.1 权威性标题

权威效应，是指当一个人或一个机构有较高的社会地位时，他的思想与观点主张容易得到认同，受人重视，发挥其影响力。当权威人物或权威机构的要求与社会规范一致时，遵从是正确的做法。如果文案标题设置时善于利用权威效应，将会在很大程度上影响并改变用户的行为。

美国心理学家们对权威效应进行过一个实验：在一次授课时，这位老师向学生们介绍一位外聘教师，外聘教师是一位德语教师，而导师对学生们说他是来自德国的著名化学家。"化学家"小心翼翼地拿出一个空瓶子，说他发现了一种新气体，有淡淡的香气。当他打开瓶盖时，问在场的同学们谁闻到香气了，结果所有的同学都举起了手。

对于一个装满空气没有气味的瓶子，为什么学生们都承认自己闻到香气了呢？这就是"权威效应"，用一句话解释就是"人微言轻、人贵言重"。有人问你是否相信权威的时候，你心里一定是肯定回答，心理学将这种普遍的心理现象称为"权威效应"。这种效应的根源是人们内心对安全需求的渴望。因为大部分权威人物是正确的楷模，服从他们满足了自身安全感的需要，增加选择正确的概率。

具体来说，权威效应在文案标题设置中表现为不同形式，如图5-1所示。

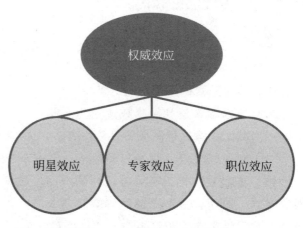

图5-1 权威效应的不同形式

1. 明星效应

很多微商文案都会利用明星的光环增强粉丝对产品的认可程度。比如，《李嫣自拍揭秘，天后也爱FOREO洗脸神器》《赵雅芝年轻20岁的秘密》《王菲最喜爱的几款LV包包》等。明星具有强大的吸引力。例如有的知名女星出席所有场合的搭配，几乎都能找到淘宝同款。

2. 专家效应

业内专家的话和主张或者专业资料里的内容，都代表着一定的权威，能够增强受众的认可度。如果文案策划人员在设置文案标题时，通过引用专家的话或者使用专业资料证实自己的观点，称其为业内共识或者受到专家推荐，更容易引发用户的阅读兴趣。

3. 职位效应

文案策划人员如果有自己的上司，可以在设置标题时称"我们老板……"。更高的公司职位赋予了他们更高的资格，可以产生更可信的说服力，经常可以获得一呼百应的效果。比如，促销文案设置主题时，可以借用上司的名义给消费者发放福利，并将其写在标题里吸引用户。

权威效应是一种辅助手段，最重要的还是内容质量。文案策划人员不可以利用权威效应弄虚作假，因为虚假的权威早晚会被戳穿，造成不良后果。

5.1.2 急迫性标题

越稀少的东西人们越想要拥有它，这就是稀缺效应。饥饿营销就是利用稀缺效应进行销售的。一旦客户意识到产品的稀少，市场的紧缺，就不愿意错失良机，立即采取行动。

急迫性标题就是利用稀缺效应为产品创造短缺现象，促使客户下定决心购买产品。急迫性标题有三种创作方法，内容如图5-2所示。

（1）对稀缺性产品进行针对性阐述。一般来说，稀缺性产品是指具有排他性、难以复制性、不可替代性的产品。如果你的产品满足了某一个方面的要求，就可以提取产品的稀缺特质向客户加以描述，越是稀缺的产品就越不容易被客户议价；若产品不具备稀缺性，那么就只能从产品的材料、质量、服务、价格等基本属性入手。只要抓住客户最看重的属性，客观而有技

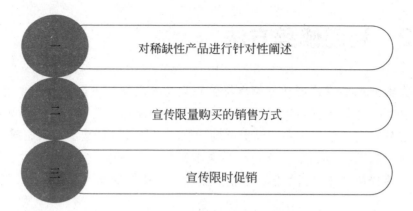

图5-2 急迫性标题有三种创作方法

巧地进行阐述，表现出产品的差异化条件，一样能让产品显得与众不同。

例如，同一件产品在不同的地方稀缺性就不同。法国的依云矿泉水在法国是非常大众的，但是到了中国就很稀缺。如果你的产品是外国品牌，就可以将进口作为出发点，宣传产品在中国的稀缺。可以说，只要给产品找对地方，它就能变成稀缺产品。

（2）宣传限量购买的销售方式。限量购买是线下大型商场经常使用的手段，产品限量出售，每人限购几件，售完为止。限量购买的方式非常容易吊人胃口，客户担心产品少，自己买不到，而被其他人捷足先登，反而大家都争先恐后地抢着买。文案策划人员可以在标题中使用"清仓处理""货源短缺""限量销售"等词语最大限度地激起客户的购买欲。

（3）宣传限时促销。限定购买的时间或者只有在指定时间内才享受优惠也是一种为产品创造稀缺现象的方法。比如，标题中说明"今天是促销最后一天"，由于错过就无法挽回，客户会产生一种心理焦虑，这种焦虑会促使客户下单。淘宝商家可以在产品主页上发布产品限时促销的信息，给客户"抢到就是赚到"的快感。

由于稀缺效应在塑造产品价值的时候起着重大作用，淘宝商家利用这种原理争取最大利益就再自然不过了。另外，"动词+所得利益"是给推广文案起急迫性标题的万能公式。比如，姜茶茶有篇文案的标题是《学会这些英文单词，你就可以在广告圈混了！》，让用户有一种独家抢占到珍贵资源的感觉。而获取这个独有信息后，用户会更愿意作为传播源，向别人散布知识。

5.2 利用修辞方法

文案标题的写作成功与否直接关系到文案内容的点击率。在文案标题写作中，巧妙地运用修辞技巧则可以增加文案标题的可读性、趣味性、形象性和感染力，使得用户能够更好地记忆、联想和回忆文案，从而更好地、更有效地实现传播目的。因此，在文案标题的写作中，发挥语言文化的优势，运用修辞技巧进行写作，是使文案散发出独特魅力的有效方式。

5.2.1 比喻型标题

比喻型标题是为了使语言更加生动形象而把产品或服务比作某种事物或现象的标题。比喻的产品或者服务被称为本体，被比喻的事物被称为喻体。比喻的手法是文案标题创作中的一种常用的方法，由于它具有生动、形象、具体的特征，因而具有非常大的吸引力，能打动用户，吸引用户的注意力并且促使用户行动。

比喻有三种方式，包括明喻、暗喻和转喻。比喻的典型句型包括"像……""如……""似……""仿佛……"等。有时候，运用比喻的时候也可以省去这些典型的表示比喻的词语，比如《××圣诞树挂灯，上帝之光》。

《灯具太阳的唯一对手》是一个非常具有想象力的比喻型标题。《果酱：像餐桌上的公主》把果酱比喻成餐桌上的公主，非常贴切地说明了人们对果酱的喜爱。《房地产：黄金地段黄金楼》的比喻也非常形象，说明了楼房因为地处黄金地段，身价倍增的现象。

创作比喻型标题的时候，本体和喻体必须具备可比性、相似性，这样才能使比喻型标题显得形象生动，起到引起用户注意的作用。如果比喻不恰当，用户会觉得非常可笑。因此，创作比喻型标题的时候，文案策划人员需要充分发挥想象力，多考虑一些喻体，比较哪一个喻体更恰当，更形象生动，更具魅力。

5.2.2 拟人型标题

拟人型标题是把产品或服务当作人来写，给产品或服务赋予人的情感、思维、记忆、身体、语言、动作。拟人型标题由于让没有生命力的产品变成了"活生生的人",因此使用户对产品产生了亲切感,并容易接受它。

《储存器:它从来不会忘记什么》这一标题把储存器当成人的大脑来写,强调其强大的记忆功能;《台灯:它对眼睛是如此的宽厚仁慈》这一标题把台灯光线的柔和比拟成人的宽厚仁慈,令人拍案叫绝;《饮料:把它倒入杯子里,杯子也会欢呼》这一标题把杯子比拟为能够为饮料欢呼的人,说明了饮料之佳。

生动、可爱、亲切、有趣是拟人型标题文字的典型特点,有巨大的诱惑力和作用力。拟人型标题的创作,要求拟人的产品或服务(主体)和人的情感(客体)之间恰当自然。如果生拉硬套,牵强附会,则会贻笑大方。

要想创作出优美的拟人型标题,文案策划人员必须认真研究拟人主体——产品或服务的各种特性、特征以及使用操作方法。只有全面掌握产品的各种信息,并在此基础上捕捉对消费者有吸引力的、有价值的信息,才能寻找到恰当的、亲切可爱的人的情感或者行为去作为客体。

5.2.3 双关型标题

双关型标题指的是标题中含有一个起重要作用的双重含义词语,这种标题在文案创作中应用非常广泛。双关型标题如果创作得好,常常能收到极佳的效果。双关型标题主要包括三种类型,下面将分别介绍。

第一种,标题中使用了一个有两层含义的词语。比如说,一种催化剂的文案标题为《人类进步需要催化剂》。这里的"催化剂"一方面指的是作为化学药品的催化剂,另一方面指的是抽象意义上的具有促进作用的事物。波音公司的一个文案标题为《波音有一千张面孔》,这里的"面孔"一方面是指波音飞机的种类很多,另一方面指波音飞机上的乘客来自五洲四海,有千千万万张面孔。

第二种,标题中使用的公司或品牌名称含有一种抽象意义。比如说,康泰保险公司的一则文案标题是《祝您一路康泰》,这里的"康泰"一方面是指公司名称,另一方面是健康平安的意思。爱迪生电器公司的一则文案标题为《为您服务的是世界一流的发明家》,这里的"发明家"就出自有意义的名称"爱迪生"。在这种情况下,公司的命名就显得尤其重要了,公司创始人应当给公司起一个有意义的名字。

第三种，标题中的一些内容给产品赋予了一种美好意义。举例来说，一个灯具品牌的文案标题为《光明，将永远陪伴着您》，给灯具赋予看光明的美好意义。一个高档面包品牌的文案标题为《有身价的人吃有身价的面包》，前一个"身价"是指人的身份，后一个"身价"是指面包的价值高。

5.2.4 对偶型标题

对偶也被叫做对仗，一般是指将字数一样、结构相同或差别不大的两个词句排列在一起形成对比，用来表达相同、相似或者相反含义的修辞方式。对偶要求文案策划人员具有较高的文学素养，具体表现在声调、词性、词义、句型等方面的巧妙组合。

文案标题如果使用对偶修辞，可以使得句子显得连贯一致、句式流畅、音韵和谐，看起来醒目，读起来顺口，听起来悦耳，符合我们讲究整齐对称、要求抑扬顿挫的阅读心态，便于记忆和传播，也可以使得画面构图均衡优美。

对偶型标题具有两大优势：一是形式简洁，有很强的欣赏性和艺术性，而且寓意深刻；二是对仗工整，朗朗上口，便于传播和记忆。哈尔滨地下精品中心的某文案标题为《年年岁岁花相似，岁岁年年衣不同》，这就是典型的对偶型标题。

创作对偶型标题时，文案策划人员需要在对仗方面多下功夫。对仗有两个条件。第一，意义或者词性相似，语法结构相同，名词对名词，动词对动词。第二，声调相反，平对仄，仄对平。以上述哈尔滨地下精品中心的文案标题为例，"年年岁岁人相似"的平仄结构为"平平仄仄平平仄"而下句"岁岁年年衣不同"的平仄结构为"仄仄平平平仄平"。

对仗分为正对、反对以及串对三种方式。正对指的是上下两联运用对称的事物，相互补充，相得益彰。比如，招聘类文案标题为《广招天下之贤士，通揽中华之英才》，储蓄类文案标题为《储蓄有利，利国利己利社会；存款方便，便你便他便人民》，全国首届科技人才技术交流会的文案标题为《生命在这里闪光，智慧在这里飞跃》。

反对指的是上下两联运用相反的即相对的事物，形成强烈对比。比如说，万宝集团清远建材电器公司银屋电器的某文案标题为《银屋为您留住春天的温馨，银屋为您挡住夏日的酷暑》，上海第一百货的某文案标题为《穿我一件衣，献你十分情》。

串对指的是上下两联在内容上不是并列的，而是顺承下来，前后两句是因果关系或者假设关系。举例来说，秀珍便携式验币机的某文案标题为《魔高一尺，道高一丈》，某煤炭品牌的文案标题为《胸怀一团火，送暖到千家》，某丝绸品牌的文案标题为《欲知世上丝纶美，且看庭前锦绣鲜》。

对偶型标题还可以混用其他句式，比如广东电子股份有限公司的某文案标题为《今日借君一粒谷，明日还君一斗粮。竭诚与股东携手共创美好未来》，长莱空调器公司的某文案标题为《昨日的梦幻，今日的现实，我们为整个世界制造气候》。

5.3 内容自带流量

如果标题所说的内容本身就容易吸引流量关注，那么文案的点击率一定会非常高。比如痛点标题对用户有天然吸引力，煽动性标题通过感染用户情绪让用户不由自主地点击浏览正文、热点内容式标题借助热点内容本身受到的关注度吸引用户眼球等。

5.3.1 痛点标题

所有的文案都是有信息价值的，而一篇好文案应当是尽可能多地传递有价值的信息。而文案策划人员在编辑标题的时候，就需要提炼要点，然后将用户最关心的痛点呈现在标题上。比如，"读不完《失控》，至少可以读完这50条书摘"一针见血地指出《失控》这本书比较长，大部分都没有读完，然后给出的解决办法就是读完这50条书摘。这种把文案价值体现在标题上的方法可以让有需求的用户毫不犹豫地点击阅读。

"如果你读不完《失控》，至少可以读完这50条书摘"，这个标题的原型是"《失控》书摘50条，精华都在这里"。当我们看到原标题的时候，首先映入脑海的是《失控》那本厚重的互联网经典读物。虽然这种书价值巨大，但是最大的问题在于这本书太厚重、太晦涩，我们很难把它读完。而"如果你读不完《失控》，至少可以读完这50条书摘"这一标题就明确指出读不完这一痛点，将目标读者群定位于那些读不完《失控》但是想要看精华书摘的人。从这个角度出发，这一标题中的痛点信息为：

（1）《失控》：互联网经典读物，几乎人尽皆知，尤其是面临转型的传统企业家对这本书有强烈的求知欲望。

（2）读不完：提到《失控》，几乎没有几个人说自己全部通读了的，而企业家工作繁忙、时间少，更是没有时间读完这本书。

提出这两个要素之后，标题就几乎成型了。最终的结果是这篇文案在两天内阅读量达到一万多。

广东头条是一个非常擅长挖掘用户痛点的主流媒体公众。2016年7月4日，一篇名为《天天熬夜会早死吗？看完这篇文章豁然开朗》的文案在朋友圈火爆起来。当天的文章阅读量就达到10万以上，点赞量在7万以上。这篇文案发布于"广东头条"微信公众号上，与此同时，其上属公司新华网的官方微信公众号也同步转发。两个平台的默契合作引发了数十个权威媒体平台的转发，也在微博上激起了网友热议。这篇文案如图5-3所示。

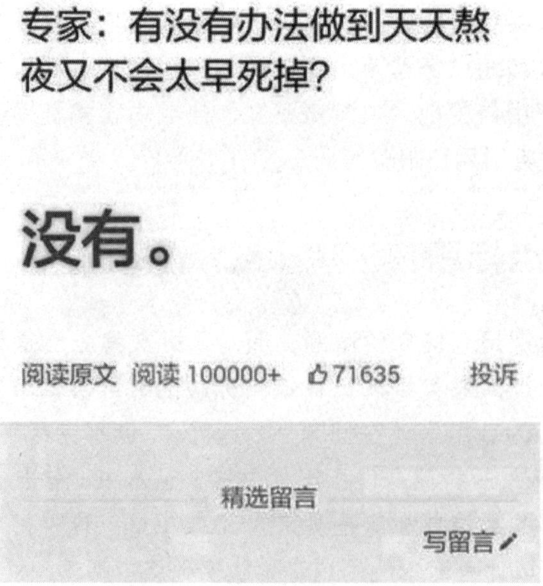

专家：有没有办法做到天天熬夜又不会太早死掉？

没有。

阅读原文　阅读 100000+　　71635　　投诉

精选留言

写留言

图5-3 《天天熬夜会早死吗？看完这篇文章豁然开朗》的文案

大家可以清楚地看到，这篇文案正文只有两个字。为什么这篇只有两个字的文案可以制造如此大的舆论场？

"'40岁前用命换钱，40岁后拿钱买命'这句话在白领间很早就流行开来，如今有了新版本：'40岁前用命换钱，可是你还活得到40岁吗？'"在网友的调侃中，我们感受到的更多的是无奈。

2016年6月30日，34岁的天涯社区副主编金波在北京地铁6号线内突然晕倒，不治身亡。据金波的多名同事称："金波工作比较拼，近几年长期加班熬夜。"金波突然死亡的事件让人震惊，我们不禁产生疑问，熬夜真的会早死吗？

对此，"广东头条"抓住了用户的痛点，针对"熬夜真的会早死吗"这一话题查阅各方面的权威资料，并深入讨论了"熬夜与猝死"的关系，并给出了拥有健康睡眠的方法等。

2016年7月6日，"人民日报"微信公众号转发该篇文案，称："近日，一篇正文只有两个字的微信文案在朋友圈得到大量转发，阅读量10万+，点赞量7万多。有评论说，读了此文后有'醍醐灌顶的顿悟之感'。一时间，段子手们感到手里的饭碗似乎在颤抖。好了，不卖关子了，上文……"其后，人民网湖北频道、工人在线等微信公众号纷纷转发。除此之外，人民网、搜狐网、今日头条、科技传媒、扬子晚报网等也纷纷转载，制造了微信之外的第二个舆论场。不仅如此，在微博上，这篇文案引发的讨论也在持续加热。

暨南大学的新闻学教授、博士生导师薛国林说："有价值、趣味性和情感触动是引发媒体文章被转发的重要因素，当前，一些微信平台抓住用户痛点提炼文章内容、撰写标题，往往能够使得热点话题像病毒一样裂变式传播和扩散。"

薛国林还分析，主流媒体的微信公众号具有弘扬主旋律，正确引导社会舆论的责任和功能，在表达社会主流思想，引导社会正面情绪，推动社会向前发展方面发挥着重要作用。"广东头条"微信公众号在这方面做得非常好，从人们为了赚钱拼命熬夜加班的社会现象入手，以新闻价值和社会责任为原则对信息进行加工处理，最后将有价值的信息推送给广大用户。因此，"广东头条"这篇二字文案引爆传播也在情理之中。

5.3.2 煽动性标题

好的文案标题总是能够给人以震撼力，这种震撼力源于能在瞬间使用户产生心灵震撼的词或短语。比如某微商为了宣传红花化瘀祛斑胶囊，推送《怪！怕老的女人抢购疯》一文，题目开头用"怪"字在瞬间就引起了用户目光的注意。再比如，北京秋生堂官方微信公众号推送的《特别告示：每位女性保鲜身体迫在眉睫》也是同类标题。类似具有情绪煽动性的词语非常多,比如"妙""警惕""绝了""神了"等。

事实上,类似的词语很多人都知道,但是文案策划人员每次在设置标题的时候还要冥思苦想。因此,文案策划人员在平时生活中应当多留心观察、多积累能够煽动情绪的语言和符号,调用用户爱情、友情、亲情、愤怒、激动、竞争等情绪。

史玉柱曾经说过:"要满足人们的基本需求,但别忘了,有时候可以把他们的需求转换成恐惧。"恐惧是一个心理学名词,是心理学的重要元素。恐惧的力量有多大?尽管人们都说,真正应该恐惧的是恐惧本身,然而恐惧对人类的影响远远超越自欺欺人这一心理。由于对寒冷的恐惧,人类学会了使用火;由于对饥饿的恐惧,人类开始了圈养牲畜;由于对野兽的恐惧,人类建造了房屋……

一个好的文案策划人员也需要是一个善于利用心理学的人,因为只有从用户的心理需求出发,才能赢得粉丝的青睐。于是,那些明察用户心理,通过标题就能抓住用户情绪的文案策划人员脱颖而出。

黔西南新闻网官方微信公众号以《90后的创客们玩新招,再不关注市场就被抢光了!》为题讲述了企业利用"90后"创客思维进行转型创新的重要性和必要性,鼓励创业者参加正和岛创业大集。文案开头以诺基亚的变革为例告诉我们:有些事情,你忽略它,不看它,它却以更凶猛的事态疯狂猛涨!等到你真的如临大敌,后悔已晚!有些变革必将到来,并且,来得异常之快!然后引出对"50后"到"70后""80后""90后"在创业方面的介绍。

"50后"到"70后":"身负国家命运,心系天下苍生,脚踏实地,勤劳苦干,完成一代人对国家发展的卓越贡献……"

"80后":"是目前创业的主力军,在创业方面,众多80后可谓前赴后继,但似乎这一群体在互联网科技领域并未延续上一代的创业趋势,他们属于大器晚成,大多数还正在路上……"

"90后":"自信大大的'90后''00后'们,在他们身上再看不到过重的行动包袱,过大的时代压力,他们就像是为创业而生,就像是为这个时代而生,他们中的许多人,已经开始预见未来……"

紧接着,文案设想了一个被"90后""00后"创业者们包围的世界:有中国创客们开创的最新手机系统UFO;有专为御宅族开设的学车社区;有新一代智能安防系统以及O2O服务;创业者可以找到最对味的天使投资人……然后,文案称"这一切,即将发生,正在发生!而最让人惧怕的,这一切的设想与玩法，都是'90后'们先想出来的！"

接下来，重点来了，文案介绍了创新大集·向"90后"学互联网思维专场的"90后"创客嘉宾：吴幽——大二辍学创业，高端护肤品网店创业者，"90后"天使投资人，资金规模2000万；张露——安居猫创始人，2013年公司方向转向物联网前端及智能家居产品；吴欣隆——C照网创始人，开创崭新的南京驾培行业O2O模式，把选择的权力还给学车族；神秘00后王逸翛——以"轻而易举黑入小米路由器"一战闻名的创客。

最后，文案鼓励创业者跟上"90后""00后"创客的步伐，思考企业如何转型才能避免被"90后""00后"们的变革创新所淘汰，并鼓励创业者参加正和岛创新大集，看"90后"和"60后"在一起对话会出现怎样的化学反应以及市场效应。

无可否认，情绪是具有震撼力和传染性的。但问题是，要确保标题对用户情绪的煽动把握一个度，如果过了头，反而会让用户躲避和排斥打开正文。

5.3.3 具像化标题

数据分析发现，生活服务类网站是最受用户欢迎的网站类型，其广告点击率非常高。这说明用户对于贴近自己生活的内容给予了最大关注。例如，作为移动城市生活网站的内蒙古生活网以内蒙古为核心，覆盖呼和浩特、包头、呼伦贝尔、鄂尔多斯等多个城市，通过新闻、资讯、娱乐、衣食住行、招聘栏目成为内蒙古人民日常使用的主要网站。文案策划人员在创作文案标题时，也可以本着贴近用户生活的原则，以用户生活中的具体场景为切入点，吸引广大用户点击。

一般来说，一篇文案的标题越是具象化，用户就越容易被吸引继续读下去。因此，文案策划人员应当重点关注用户日常生活中的场景，尤其是生活中的高频场景。比如，一个上班族生活中高频的具象化场景有：坐地铁、挤公交、租房、加班、逼婚、睡懒觉等。

当你创作的标题准确切中用户群生活中的高频具象化场景时，就会被用户点开。比如《做PPT时，如何突出中文字体的美感与力量》这篇文案在推送的1天内阅读就达到1万。其中重要的原因就是它非常准确地切入了一个普通职员工作中常见的具象化场景——做总结、做报告、做方案等。

在这些创建场景中，用户离不开做PPT这个基本技能，所以必须要掌握。另外,大多数公司在年终岁末的时候都会要求职员进行年终总结或者新年规划,做一个上档次的PPT是刚需。

《做PPT时,如何突出中文字体的美感与力量》的原标题是《如何突出文字的力量》。同样的文案,在使用原标题的情况下就很少有人愿意点开阅读,其根本原因就是不够吸引人。文字有很多种,中文、英文、法文等,这里指的是哪一种?由于我们做PPT时主要使用中文设计,所以这里选择了更加具体的角度:做PPT时,如何突出中文字体的美感与力量。之所以将"中文""美感""力量"这三个要素体现在标题中,是因为对于一个高档次的PPT来说,这三个要素缺一不可。

对于普通用户来说,生活中高频的具象化场景包括看球赛、跟伴侣吵架、一日三餐考虑吃什么等。细分到不同职业的人,一个银行职员每天都要拼命办业务、一个作家每天都要努力码字、一个策划每天都要做PPT、写文案。因此,文案策划人员针对用户群,使用越真实越具体的场景,就越容易击中用户,这样文案点击率自然会高。

创作具象化标题的公式为:写给谁+目标用户痛点。以银行业的一篇文案标题为例,《那些年,被客户虐过的银行柜员》这篇文案在银行业的朋友圈流传甚广,银行柜员几乎无人不转。"被客户虐"就是银行柜员工作中每天都可能遇到的抓狂场景,因此非常具有身份带入感。行业外的人都认为银行的工作好,无需忍受风吹日晒,但是他们每天都在被客户虐,几乎谁都能说上几个被虐的段子。这篇文案就是写给银行柜员的,当他们看到一篇文案可以为自己"正名",证明银行工作也不一定好干的时候,必然会选择转发。

当然,每一类人都有不同的被虐场景,比如单身族被父母逼婚、文案策划人员一遍又一遍地修改文案,对应之下《你妈逼你结婚了吗》《那些年,被方案虐过的文案策划》就是针对他们而做。

如果将"那些年,被客户虐过的银行柜员"换成"银行柜员一天的工作生活"就失去了场景感,用户就无法通过标题体会到文案意图。因为一天的生活无非衣食住行,谁知道你具体要写什么呢?综上所述,具象化标题具有直接点明文案中心内容的作用,是一种广泛应用的标题。

5.3.4 热点内容式标题

热点是一种催化剂,可以快速引起化学反应,让你的文案引爆传播。

2015年双十一前后，papi酱推出《单身节前夕送给单身的你几句暖心话》《你的爱豆脱单了吗？》《喜迎双十一》等系列视频，借助热点的标题让人看起来就有点击的欲望。

2016年1月10日晚，《2016微信公开课PRO版》刷爆朋友圈。第二天，微信在广州举办微信公开课PRO版大会，讲述了微信在未来的一些变动。此后，朋友圈几乎被微信相关文案刷爆了。2016年1月18日，papi酱借着这个热点发了一个关于微信的吐槽视频，标题为《微信有时候真让我崩溃》，瞬间刷爆朋友圈。

热点事件是吸引大众兴趣与关注的重要手段之一。例如网上曾经流传的一份名为"世界那么大，我想去看看"的辞职信引发了职场人的强烈共鸣，唤起了人们的普遍关注。在网上对此事进行热议的时候，各大媒体与品牌纷纷借势营销，制作了很多借势营销的文案。

热点事件的发生、传播以及炒热都是在互联网环境中发生的。每当出现一个热点事件，各大媒体以及品牌商都会做出快速反应。这是因为借势热点事件已经成为各大媒体以及品牌商竞争传播的重要场景。为什么热点事件的魅力如此之大呢？下面，我们看借助热点制作标题的三大优势。

1. 成本低

与广告相比，通过跟进热点进行品牌的宣传推广，其对应的成本相对较低，但是产生的效果却更大。

2. 趣味性

借助热点事件制作标题使得标题具有趣味性，用户会更有兴趣点开阅读。作为一种开放式的营销方式，借助热点宣传也使得品牌具有很强的趣味性，加深用户对品牌的印象。

3. 传播快

热点事件在互联网上的传播经讨论发酵往往能在短时间内形成巨大的传播效应，而借热点之势可以为文案带来天然的关注度。

利用热点制作标题使得文案的传播具有了先天优势，成功的热点标题不仅仅需要抓住时下热点事件，还需要对热点事件进行选择，因为策划执行也是十分重要的。

作为一个成功的自媒体人，咪蒙有着扎实的文字功底以及独到的观点。除此之外，咪蒙还是一个优秀的标题创作者。

没有一个吸引人的标题，谁愿意点击阅读你的文案？在标题制作方面，咪蒙的诀窍就是利用热点。这里所说的热点分为两种，下面我们分别来讲。

（1）时下热点。紧跟时下热点制作标题是打造爆文的不二法门。2016年7月，霍建华与林心如将于7月底大婚的消息炒得火热，咪蒙当然不会错过这一劲爆话题，创作了《霍建华+林心如：现在流行霸道总裁爱上霸道总裁》一文，并通过让人浮想联翩的标题成功制造了一篇10万+爆文。

（2）永恒热点。"贪嗔恨痴爱食色性"是人类关注的永恒话题，制作标题也一样，吸引人眼球的永恒热点是有限的，包括工作、婚姻、感情、前任等。以下标题永远都不乏点击率，如《职场上，别人说什么话会让你炸毛？》《你因为太在乎孩子，让老公成了'小三'吗？》等。在没有时下热点可以写的时候，就可以写永恒热点。

5.3.5 共鸣话题式标题

几乎所有的用户都喜欢跟自己有关的内容或者站在自己的角度进行思考的内容。比如《我还年轻，让我再穷一会儿》这一标题引发了很多年轻人的共鸣，因为贫穷但是闪光是大部分青春的共同特征，这样的标题更像是一种自嘲，但却慰藉了所有年轻人的心灵；《你有没有玩命爱过一个姑娘》戳中了很多男性用户的内心，几乎每一个男生看到都会有所触动，忆起曾经狂热奔放的年轻时光。

让用户感同身受，并且能够迅速对号入座的标题一定是好标题。用户看到这样的标题心里顿时就会产生"这说的不就是我嘛"的想法。《一组照片，20岁看不懂，30岁看完沉默，40岁看完流泪…》《有一种画面，叫70后、80后独家记忆》《致那些微信红包只发几分钱的××人》都是能让用户感同身受的好标题。

从用户的角度来说，每个人都有标签，包括地域、年龄、星座、爱好等各个方面。通过一些和目标用户的共同属性来和用户建立联系，与用户产生共鸣，可以有效吸引目标用户点击，例如家乡、职业、星座、血型等。这种共鸣话题能够明确受众，并指定内容，是一种非常实用的标题，例如《1982年出生的人来聊聊》《A型血天蝎座的男孩性格特征》《90后女生的两性观念》等。这种通过共同属性聚拢目标用户，与之产生共鸣，并且扩大共同话题的标题最终将产生特定的效应。

虽然共鸣话题式标题看起来把用户范围缩小了，但正是由于这种对目标用户人群的聚拢，更引得其他群体的人产生一种好奇心，最终点击阅读。以《女生勿入！男孩子的小秘密是什么》这一标题为例，虽然标题中写明女生勿入，然而，人人都有好奇心理，你越是让用户"离开"这篇文案，越会吸引更多的阅读和关注。这是一种欲拒还迎的招数，用在文案标题的撰写上非常有效。

如果文案采用共鸣话题式标题，能够大大提高流量。不过，文案策划人员需要对这一类标题进行大量研究，掌握一定的共鸣话题式标题提炼功力，并在策划文案过程中进行准确的提炼。

二更食堂公众号推送的文案基本上都使用共鸣话题式标题。以二更食堂2017年9月推送的10万+爆文为例，《难产孕妇跳楼：女生嫁错人有多可怕？》《男生哪个瞬间会让你觉得他很娘？》《男朋友爱你的7个等级》《男友说这8句话，离分手就不远了》等每一篇文案的标题都是站在女性用户的角度思考问题，使她们读起来感同身受，非常容易引起女性用户的共鸣。

可以说，情感驱动是二更食堂在内容上的秘诀。在信息嘈杂的网络大环境下，感同身受的"精神鸦片"具有无比强大的威力，在粉丝们最感性的深夜时刻，总是能够挑动起用户内心深处的感性神经。

二更食堂的文案几乎都是为女性发声，表达女性用户内心的观点，所以他们将这一特点体现在了标题上。而用户看到标题与自己相关，就会忍不住点开阅读文案的具体内容，最后引发传播。

综上所述，制作共鸣话题式标题要求文案策划人员对目标用户有清晰的认识，并准确把握受众的心理。如果文案针对的是女性用户，文案策划人员可以掌握一个标题的万能诀窍——了解一些星座、血型、两性相处等方面的知识。

第6章
文案内文8大结构布局

一篇文章分为开头、中间与结尾,而开头、中间与结尾每一个部分都有不同写法。下面一起研究文案内容的结构布局,探索其中的方法与技巧。

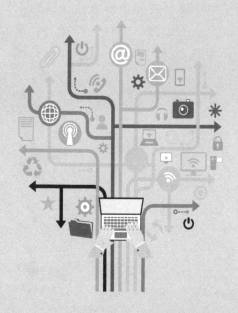

6.1 开头

如果你想让用户从头到尾一字不落地读完你的文案,除了一个吸引人的标题以外,你还需要创作一个精彩的开头,让读者有兴趣继续读下去。而你需要做的就是在文案的开头创造一个知识的缺口,引发用户继续读下去的渴望。下面,我们列举了四个方法,帮助你撰写出成功的文案开头。

6.1.1 率先指出他人的错误

在给出你的见解之前,首先将别人不好的地方指出来,是一种引发读者对答案的渴望的方法,比如某微信公众号推送的一篇关于企业公关的文案《公关经理怎么证明"面包不是鞋底做的"》。文案首先说很多企业面临谣言的困扰,比如麦当劳面临"汉堡牛肉是蚯蚓做的"这样的谣言,然后说明企业应对这些谣言的传统方法就是发表声明说"这是一派胡言、没有证据",接着指出这样的方法无效。

此时,读者心里就会产生疑问:为什么说这种方法无效呢?怎样做才能有效呢?产生这种心理的读者基本上都会继续阅读下去,因为他们已经产生了对答案的渴望。文案在正文抛出了答案:"创造有生存力的信息,用谣言的方法来反击谣言",接着又讲具体应该怎么做。率先指出他人的错误的方法可以让读者产生对答案的好奇,这也是很多知乎用户在回答问题时先加一句"实名反对楼上所有答案"的原因。

6.1.2 抛出违背大众直觉的观点

越是不符合他人认知的事情就越能引发他人的好奇心,因此如果你的文案里有违背大众第一直觉的观点,就应当首先提出来。

比如,某企业推送的一篇关于广告创意的文案中,开头部分的逻辑就是:"我们常常惊叹于无数品牌的创意广告,也渴望自己能够写出创意广告。但是你知道吗,创意本身其实并没有你想象的那么有创意。一个研究发现:多达89%的创意广告来自于这6个模板。"

事实上,这篇文案就是想告诉读者如何用简单的模板来构思广告创意,但是文案策划人员没有直接说:"第一种创意方法是……第二种创意方法……",而是指出了这些方法背后和大众直觉相违背的部分:很多人认为创意应当是天马行空的构思,但实际上是有规律可循的。

6.1.3 引用成功案例

引用成功案例是一种常用的撰写文案开头的方法,是指首先在开头讲一个成功案例,引发读者对"他为什么会成功"的好奇。

比如,某企业推送的一篇互联网行业文案《7页PPT教你秒懂互联网文案》中,是这样开头的:"用互联网思维写文案——小公司也可以颠覆大品牌。小米、凡客、雕爷牛腩、皇太极煎饼,无数打着'互联网思维'的小公司0成本营销,逆袭大品牌,其'互联网味'的文案功不可没。那么如何写一个互联网思维的文案呢?"

文案开头引用的小米、凡客等案例都是众所周知、人人向往的成功案例。这些案例很容易就可以引发读者对答案的好奇,从而将继续把文案读下去。

6.2 中间

文案中间的写法有两种:一种是平行式,一种是递进式。一般来说,像《文案小白必备的7个标题公式》《让淘宝店日进斗金的10条运营秘籍》这种带有数字的列举型文案中间都是平行式,而其余大部分文案中间都是递进式。

6.2.1 平行式

以《微电影营销4个成功法则》为例,其开头为:"前几年,微电影主要是企业突发奇想的偶然性营销尝试,现如今微电影营销已经成为各大企业最喜爱的营销方式之一。然而,在轮番上阵的微电影营销中,怎样才能巧妙平衡品牌信息与艺术性,真正打动观众的心,让观众进行自发的口碑传播呢?"

文案中间分为四部分讲述"4个成功法则"。

第一部分为"成功法则一：用新概念引爆需求"。具体内容如下所述。

《MINI PACEMAN城市微旅行》是MINI汽车品牌推出的微电影，在上海举行首映后，反响空前。这部微电影之所以受到人们的好评，原因在于运营者用这部微电影阐述了一个新概念——"城市微旅行"。"城市微旅行"指的是即使工作繁忙也可以在居住的城市，展开短则半日，长则数天的旅程，发现城市不为人知的美。

在电影里，作家冯唐、酒店控文林、绿茶餐厅老板路妍驾驶着MINI PACEMAN在自己扎根的城市里行走，发现其中的美。更为难得的是，这部微电影发布在新车MINI PACEMAN上市之前，既为新车上市做了推广宣传，又让这款全新车型成为"城市微旅行"的代名词，成为一种生活态度的代表，创造了独有的市场。

《MINI PACEMAN城市微旅行》的成功对品牌运营者的启示是，发现消费者的某种潜在需求，在微电影中用一种新概念唤起消费者这种需求，并使其与所推品牌或产品巧妙联系在一起。

第二部分为"成功法则二：借助明星的影响力"。具体内容如下所述。

《因情圆缺2：代理相亲》是哈根达斯品牌推出的微电影。无论是创作团队，还是演出团队，阵容都非常豪华。导演由新晋导演李蔚然担任，编剧是拥有750万微博粉丝的"作业本"，主演为李晨、王丽坤、曹炳琨等实力演员。导演、编剧、主角的知名度与粉丝人数加上幽默温情充满笑料的内容，让这部微电影轻松收获3000多万的播放量。

在当今信息时代的背景下，信息的价值逐渐降低，而受众的注意力则因为越来越稀缺而变得珍贵。微电影邀请明星加入，可以吸引受众的注意力，成功的难度降低了很多。

第三部分为"成功法则三：用互动引爆流行"。具体内容如下所述。

《爱的定制》是广州天创时尚鞋业推出的微电影，传播效果极佳。与传统单向的品牌理念灌输不同，这部微电影在内容制作和微电影推广过程中充分发挥了互动特性。先是在剧情设置上，《爱的定制》使用了开放式结局，男主角思念的神秘女孩始终没有曝光，这种悬念是接下来互动的背景与前提。

接下来，运营者在结尾的悬念引申方面与观众互动。在微电影发布会上，运营者宣布开启"寻爱之旅"，即寻找最佳女主角。在发布会现场，运营者设置了互动活动,邀请在场嘉宾及观众投选心目中的最佳女主角。同时,微博线上投票活动也同步进行。

在电影发布会之后,微电影制作团队和香港作家素黑小姐以及资深影评人藤井树小姐在上海电影博物馆一起与观众讨论微电影中的情感线,体会女人与鞋子之间的微妙关系。在深圳,运营者组织了快闪活动,八十位身穿粉红芭蕾舞衣和白色蓬纱裙的顶尖舞者手捧着天创时尚KISSCAT、ZsaZsaZsu、tigrisso、KissKitty、Patricia五大品牌的明星鞋款共舞,吸引了数百人驻足围观。现场,大荧幕上播放的《爱的定制》吸引了无数路人驻足观赏。

《爱的定制》通过巧妙的互动策划和有效执行提高了目标群体的参与度,营销效果非常好。该案例给品牌运营者的启示是,微电影营销向传统广告模式那样向消费者硬性单向的灌输品牌理念是不可取的。只有让更多的消费者参与到微电影的互动对话之中,才能有效培养出消费者对品牌持久的关注度。

第四部分为"成功法则四:以情动人"。具体内容如下所述。

《A Memory to Remember 记忆月台篇》是独立内存产品制造商金士顿推出的微电影。这支只有七分三十二秒的微电影在十天内就吸引了我国台湾六个主要新闻电视台主动做专题报导,包括舒淇、刘若英等明星也主动推荐这部影片。金士顿主推的金色U盘在微电影里出现还不到两秒,却依然受到追捧,一度出现缺货状况。

这部微电影改编自一则地铁员工遗孀请愿的新闻。老妇的丈夫曾经是地铁播报员,丈夫去世后,老妇因为一句"mind the gap"的地铁广播在月台守候数年。当广播的声音被换成电子系统后,老妇伤心请求,想换回她丈夫的声音。

故事虽短,却蕴藏着感动人心的力量,观看者无不心动落泪。这种对美好记忆的眷恋正好暗合了金士顿"记忆,永远都在"的品牌主张。

该案例对品牌运营者的启示是,情感可以创造品牌,微电影营销与情感体验营销结合在一起往往能收获到意想不到的成功。

四个部分是平行关系,即便相互调换位置也不影响读者阅读。

最后,该文案采用总结式结尾:"毫无疑问,微电影营销依然是一种潮流,越来越多的企业也将加大微电影营销的投入。然而,微电影营销为企业带来口碑和机遇的同时也在制作和传播上存在隐患,这就对品牌运营者与微电影的制作团队提出更高的要求。想要成功利用微电影营销，有效地实现传播目的，还需要像上面四个案例一样，将某一点做到极致。"

6.2.2 递进式

故事型文案的中间一般使用递进式，层层递进，逻辑严谨。在广告无处不在的网络环境下，用户更喜欢点击阅读故事型文案，即便里面穿插了广告也不会反感。

下面一起看一个故宫淘宝推送的故事型文案。故宫淘宝是指中国北京故宫博物院为了销售周边产品而上线的淘宝店。在微信里，故宫淘宝公众号以"软萌贱"的形象刷爆了朋友圈。特色、口碑、经济利益、品牌形象等，各个方面都使故宫淘宝成为最大的赢家。

据统计，故宫淘宝2016年一年里创下超过10亿元销售额。截至2017年年初，故宫淘宝推出的文创产品超过8700件，包括"十二美人图"挂历、迷你宫廷娃娃等产品。

如图6-1所示，故宫淘宝2015年6月18日推送的《朕生平不负人》故事型文案阅读量超过了10万，点赞数在2000左右。

雍正帝手拿一朵红色鲜花，嘴角轻挑，导语为"雍正帝与年羹尧【相爱相杀】的郎舅故事"，让人不免联想到其中存在的"感情故事"，于是抱着好奇心阅读原文。当你点进去之后，开头告诉你"这是一个关于雍正帝如何疼爱年羹尧的绝对不能想歪的历史故事"。然而，你肯定已经想歪了，他俩到底做了什么私密之事，你肯定会产生强烈的好奇心。

图6-1 故宫淘宝的公众号文章

中间开始展开层层递进的故事情节,让读者欲罢不能。一个好故事引人入胜的秘诀就在于不断制造悬念,让读者一直读下去。而从这一点看,故宫淘宝堪称讲故事的高手:"故事要从很久以前说起……那一年,杏花微雨,年羹尧正值青春年少,和现在很多贪玩的男孩一样,并不安分踏实读书。据说,年羹尧长得伟岸异常,臂力惊人,且好胜好斗。他父亲给他聘了三位老师,但是都被他打跑了,是的,打跑了!打跑了!打跑了!"

介绍年羹尧,没有提到他的生成八字、官居何职,先介绍他小时候的调皮,把三位老师都打跑了。这种讲法虽然非常八卦,但是正好迎合了大家的八卦心理。

"这位不羁的年轻人可谓仕途坦顺,重权在握。在康熙帝第二次废皇太子后,他便与雍亲王胤禛结为一体,相互依托,并在夺位之争中助胤禛一臂之力。什么?你居然问年羹尧为什么要助胤禛登上皇位?"此后,它开始自问自答。包括年羹尧为什么帮胤禛争夺皇位、雍正皇帝为什么假装宠爱年羹尧、暗藏什么祸心、怎样一步步把年羹尧推到悬崖边的。层层递进的情节堪比宫斗戏直播。

很多从来不看《甄嬛传》《宫》等宫斗剧的用户都被其吸引得多看了几眼。这篇文案的目的是卖扇子,而这扇子本身是雍正和年羹尧相爱相杀的一个鉴证。

"当青海平乱成功之后,雍正帝兴奋异常,在奏折言道:'你此番小行,朕实不知如何疼你,方有颜对天地神明也。……总之,你待朕之意,朕全晓得就是矣。'雍正对年羹尧的赏赐与关怀更是无微不至,连茶叶荔枝等小食也要派人赏其食用,故而有了年羹尧恭谢天恩奏折,雍正更是回复道:'尔之真情,朕实鉴之。朕亦甚想你,亦有些朝事和你商量者,大功告成,西边平静,君臣庆会,亦人间大乐事……'"

接下来,故宫淘宝开始说自己的产品:"奏折原文与雍正御批真迹,此下折扇扇面均有展示。是的,这不是一把普通的折扇,连相关奏折原文史料我们都有精心翻阅考证。"试想一下,如果你拿这扇子送给心爱姑娘,你就可以告诉她,"这个扇子有历史典故,当年雍正和年羹尧……而且,上面五个大字'朕亦甚想你'也代表了我的心意……"

除了这把扇子,下面几把扇子也有讲究。当故事情节发展到年羹尧功高盖主时,引出"朕心寒之极"的扇子;当年羹尧向雍正皇帝求饶时,雍正朱批"朕生平不负人"又引出一把扇子。

总而言之,故宫淘宝销售的每一把扇子上都有雍正御批的字迹,都在情节发展中发挥着重要作用，还包含着一段曲折动人的故事。这样的广告，很难让读者反感。

6.3 结尾

在文案创作过程中，结尾是许多人会忽略的。有很多推广文案，开头都写得很好，但结尾却草草结束，本来不错的一篇文案变得头重脚轻，真的是很可惜。下面一起看结尾的三种写法。

6.3.1 首尾呼应式

文案最常用的结构布局方式就是总－分－总。在这种布局下，结尾需要根据开头来写，即首尾呼应。也就是说，文案开头提出了观点，中间对观点进行分析，结尾处回到开头的话题，进行一个总结。一般来说，议论性的文案经常运用收尾呼应式结尾。这个收尾技巧能使文案的结构布局更加完整，使得文案从头到尾很有条理性，浑然一体，能引起读者心灵上的美感。

上文讲到的《微电影营销4个成功法则》就采用的首尾呼应式结尾。其开头为："前几年，微电影主要是企业突发奇想的偶然性营销尝试，现如今微电影营销已经成为各大企业最喜爱的营销方式之一。然而，在轮番上阵的微电影营销中，怎样才能巧妙平衡品牌信息与艺术性，真正打动观众的心，让观众进行自发的口碑传播呢？下面通过5个微电影营销案例总结微电影营销的5个成功法则。"

结尾与开头相呼应："毫无疑问，微电影营销依然是一种潮流，越来越多的企业也将加大微电影营销的投入。然而，微电影营销为企业带来口碑和机遇的同时也在制作和传播上存在隐患，这就对品牌运营者与微电影的制作团队提出更高的要求。想要成功利用微电影营销，有效地实现传播目的，还需要像上面4个案例一样，将某一点做到极致。"

6.3.2 利益诱惑式

文案结尾就像是与用户谈话的最后环节，无论前面谈得如何，在最后要把补充的事情说完，吸引用户采取行动。因此在文案最后，你可以通过利益诱惑用户，争取提升文案的转化率。

比如说，"其实这产品，我们卖一个就是赔一个，要不是过年清库存，现在也不会有这个价格。""我们的目的不是为了赚钱，只是为了让大家用到好东西，看到很多人用了我们产品，生活变得更好，那我们就开心了。""这一批是最后的库存了，我们明年要做其他产品，这价格也是最后一次了。"

如果文案中前面一直在说产品，那么结尾要努力跟用户产生情感连结，让这产品有温度、有情绪，让用户感受到产品背后的人。如果你有什么好处，开始就已经拿出来的话，最后要再次强调利益，这样才能够让这些利益发挥作用。比如说"现在下单，再赠送好礼三选一，活动只到春节前！""今天购买，我们再折100元，年前最后一档，只有今天！"

对付正在犹豫的用户，最好的方法就是用利益打动他，让他忘记犹豫的原因。在文案中，当我们前面把需求讲得明确，把产品的好处贴近用户，用户最后的犹豫通常都是因为价格。他们可能觉得太贵，想看看有没有性价比更高的。所以，我们要在文案结尾提出具体利益，让用户觉得现在行动是值得的，犹豫只会错过仅有的机会。

6.3.3 行动号召式

无论是购买产品还是关注企业公众号，文案最终的目标是让用户产生行动。很多企业对于要求潜在客户做些什么总是羞于开口。而在文案的结尾处，提供一个明确的行动号召，让用户知道你要什么是必要的。

需要注意的是，同时提出几个不同的号召是一种错误行为，会搅乱你的文案。比如，同时要求用户关注你的公众号、下载你的电子书以及购买你的产品。不同的行动号召相当于给了用户多个不同的选择，这会让他们感到困惑，从而降低文案的转化率。

具体来说，提供行动号召的最好方法是设置一个明显的色彩亮丽的按钮，这可以让用户通过简单的点击按钮行为就能做到。很多用户喜欢红色按钮，但最重要的是，按钮的颜色相比页面上其他颜色要显眼一点。

但是，千万不要因为一些很蹩脚的按钮文案而毁了自己的整个文案，比如说"现在就购买"或是"点击这里"。按钮文案对于文案的转化率有着很大的影响，正如市场营销大师罗伯特·恰尔蒂尼在《影响力：大众顺从心理学》里说的那样："人类行为最广为人知的一个原则是当我们要求别人帮一个忙时，如果我们给出一个理由，成功率将会高很多。人们就是很喜欢做什么事情都需要理由。"

所以，按钮文案应当是用户按下按钮的理由短语。用户为什么要按下按钮？给出明确的利益，比如说："预定行程""获得免费电子书""激活我的账户""免费领取赠品""加入我们的社群"等。

第 7 章
如何找到优质策划内容的方向

为了让大部分用户看到自己喜欢的内容，好的文案素材自然是少不了的，而找到优质策划内容的方向可以说是文案策划人员的一项必备技能。

7.1 部门选题讨论会

对文案策划人员来说，通过部门选题讨论会找灵感，找创意是一种非常有效的方式。在部门选题讨论会上，大家会提出很多点子，我们需要把好点子积累下来等待日后使用。

7.1.1 每天要求提一个点子

对于文案策划人员来说，积累是非常重要的事情。所以，每天提一个点子，把自己认为有价值的选题积累下来是有必要的。下面分析了创作文案时使用的一些技巧，共总结出四种常用的选题思路，内容如图7-1所示。

图7-1 四种常用的选题思路

1.盘点数据或者预言类方向

比如，《2016中国互联网产品经理生存现状盘点》《2016年中国互联网十大产品事件盘点》《2017年度十大互联网产品预言》等文案。这种选题无论在什么时候都可以写，是用户比较喜欢的一类文案。

2.段子类、精彩故事等消费娱乐型内容

比如，《老板让我3天内搞出来一个有爆点的NB活动，于是……》。我们在朋友圈里看到的大多数段子都属于这种类型，包括顾爷、天才小熊猫创作的文案。这种原创内容对策划功力的要求最高。

3.新闻型选题

人们对新鲜的事物总是有更大的兴趣。把握住这个特征，文案策划人员可以创作新闻型文案，往往会引发巨大的轰动。这种类型的文案有《记者观察：网上项目外包风生水起》《苹果AIR创、新、薄（世上最薄的笔记本电脑）》等。

4.以名人或牛人切入

大众对名人或牛人投入了较高的关注度，包括他们的工作、生活以及兴趣等。如果以名人或牛人切入，一定能创造很高的点击量。这种类型的文案有《赵雅芝年轻20岁的秘密》《一天收益上万元，创业牛人的生意经》《PHP高手教你怎么隐藏文件》等。

以上是四种选题思路，除此之外，文案策划人员可以在自己的日常见闻中总结一些好的选题。

7.1.2　通过头脑风暴找选题

头脑风暴法指的是不借助任何工具，仅仅通过大脑的自由联想来寻找新的创意、想法等。在寻找选题方向方面，头脑风暴法有一定用处。如果文案策划相关部门有很多人的话，那么集体进行头脑风暴寻找大量选题是非常有效的。使用头脑风暴法的流程如图7-2所示。

图7-2　头脑风暴法的流程步骤

第一步：确定核心问题。头脑风暴法的第一步是确定核心问题，这样才能实施下一步。核心问题是头脑风暴中的中心议题，如果这一步出了差错，那么头脑风暴会议就没有了举行的意义。对于以品牌推广为目的的公司来说，核心问题是为品牌推广找合适的选题。

第二步：找尽可能多的角色参与。头脑风暴的目的是获得更多、更有价值的解决方案。由于角色不同，对同一件事情的看法和观点是不同的，所以，参会者的角色越多，出现好想法的概率越大。对于文案策划来说，用户的角色是非常重要的，因此文案策划相关部门可以邀请几个用户参与头脑风暴会议或者让员工将自己想象成用户，替代用户参与头脑风暴。

为了给头脑风暴会议提供良好的创造性思维环境，会议召开者需要明确参加会议的最佳人数和时间。一般而言，头脑风暴的规模以8～12人为宜，时间确定在20～50分钟之间，所获得的讨论效果是最为理想的。

第三步：参与者畅所欲言。在头脑风暴会议过程中，参加者需要积极发言，将自身想法都说出来。条条框框的限制不符合头脑风暴的宗旨，大家需要放松自我，从不同的角度、不同的层次提出自己的想法。

为了让大家充分表达自我，头脑风暴会议需要制定相应的规则，包括不允许参与者进行私下交谈、与会者不可评论他人发言等。

第四步：分维度分析参与者的想法。分维度分析指的是将参与者的想法和创意有条理地进行整理和归纳，然后对其进行分析和选择的过程。在头脑风暴会议过程中，参与者会提出各种各样的想法，其数量和质量都是非常可观的。如何在会议过程中获得最精准的想法也就成了关键问题。这时，就会用到分维度分析的方法。

在分维度分析时，大家首先要做的就是将会议中的所有想法总结和归类，最好将其列成表格。表格的作用主要是去除重复性以及没有现实意义的想法。最后，表格中留下的基本上都是头脑风暴中有意义、有价值的想法。

通过头脑风暴法找选题的关键在于主题足够明确，这样才能保证联想到的选题与文案策划的目的具有一致性。需要注意的是，通过头脑风暴法找到的选题应当积累下来，然后根据具体情况确定每一次的选题。

7.1.3　从书搜寻有价值的资料

对于软文，不同的人有不同的理解。大多数人都认为软文就是一个高效的推广工具，但很多不知名的牛人已经将其当做赚钱工具了。如果你还在为选择产品而发愁，或者因为有了产品却没有推广费用而烦恼，那就跟我们一起看下面这个颠覆思维的依靠软文盈利的案例吧。《一个60年代的退役军人，依靠一篇软文年入500万》，读完这篇文案，你应当会有一些不一样的启发。

闫先生最初接触互联网是2000年贷款买房子，没钱偿还十多万的贷款，于是就想从网上赚钱。当时的他除了打字，什么都不会，就连在论坛注册的账号都是一个朋友帮他注册的。

为了学习更多的东西，闫先生订阅了很多刊物。有一次他看到人家打广告：干花生变鲜花生，于是他受到启发，想要通过推广赚钱。当他详细了解了干花生变鲜花生之后，写了一篇文案。

文案写出来之后，闫先生先后修改了几十遍，最终使得文案没有丝毫广告痕迹。最后，他将文案发到了阿里巴巴博客上，还被版主推荐出去，最后连知名报社都给他报道了。他的文案只提到了"干花生变鲜花生"，看到文案的人都会想：这个项目很简单，你会我也会，于是便通过百度搜索找到他。

《金海电动车电池保养宝典》也是帮闫先生年入百万的一篇软文，而且没有投入一分资金成本。在写这篇文案之前，闫先生先调查了市场，确定了"金海电动车××宝典""除硫化器""电动车电池保养"等搜索源在百度的搜索量。

这些搜索源都属于长尾词，在百度能翻出好多页，而且用户搜索出来的信息全是闫先生的联系方式和信息，原先厂家的信息都被他海量的信息给覆盖住了，因此读完文案的人如果想要买产品都会找他。

闫先生创作这篇文案花了三个月时间，包括看了三本专业书籍、研究电动车电池以及到图书馆看书等。很多人看到《金海电动车电池保养宝典》都会反复看几遍，因为内容很实用。在文案写好发布到各个论坛博客之后，闫先生有了源源不断的收入。我们将闫先生撰写软文的技巧总结为以下五点。

1. 确定搜索源

最好的搜索源是在互联网搜索引擎找不到的，包括词语、产品、人名、事物、故事或者一篇文案等。如果确定的搜索源是你杜撰出来，别人搜索的时候就只能找到你，才能达到较好的推广效果。

2. 创建多个搜索源

创建搜索源是让受众在搜索引擎上通过搜索源找到你的信息，搜索源最好要多设几个。因为竞争对手一旦看到了你的软文，如果搜索引擎优化技术比你厉害，就会将你抢下。但是你设置的搜索源足够多，读者通过搜索源找到你的可能性就更大。

3. 标题与内容的设置

标题与内容的设置涉及后期的推广。像闫先生写的怎么让电动车电池的寿命延长这种技术类文案，前期需要大量的专业知识研究。闫先生之所以花了三个月时间，看了三四本专业书籍，才将文案写好，主要是因为要让受众通过阅读文案收获知识，而且当读者找到你之后，如果问一些专业问题，你要有能力解答出来。需要注意的是，文案的标题一定要能吸引人，否则内容再好受众也不会打开阅读。

4. 不提广告，只提搜索源

文案里面不能提品牌名、地名以及人名等明显的广告信息，只提最初确定的那几个搜索源就够了，而且要很自然地提起。切记，不要在文案中给出自己的联系方式，应当通过搜索源给出联系方式。

5. 发布文案

搜索源确立，文案写好之后就可以发布到微信公众号、微博、论坛等平台上。

7.2 关注热点

对于文案策划人员来说，时刻关注热点是非常必要的一项职业技能。追热点最重要就一个"快"字，快才能保证在热点话题被大家写烂之前推出一篇爆款文案。

7.2.1 热点引导流量走向趋势图

热点选题天生带有流量优势，很容易造就爆款文案。那么，文案策划人员如何寻找热点呢？下面一起看找热点的两种方式。

首先是通过微博、知乎、今日头条、网易新闻等平台找热点。微博可以说是热门话题的制造机，文案策划人员应当在微博上关注两种类型的博主：一个是段子手博主，段子手博主有很多粉丝追捧，其推出的话题常常经过热炒后迅速升温；第二个是媒体类博主，包括主流的传统媒体、地方媒体，还包括梨视频一类的资讯型视频博主、文化传播型博主等。除此之外，微博24小时榜单、热门、头条都要每天刷。

众所周知，知乎盛产优质内容。自从有了知乎，很多网友一有时间就泡在那里看知乎日报、周报，浏览近期热门话题；今日头条、网易新闻是非常受欢迎的资讯平台，里面的网友评论也是值得关注的。

另一种找热点的方式是看竞争对手，看他们最近做了什么选题，他们找到的选题是经过市场分析和用户分析得出的结果，所以具有参考意义。尽管选题一样，但是立意、切入点和素材都可以不同，所以不需要担心做出来的文案相似度高。更重要的是，根据竞争对手已经做出来的文案的内容结构、切入点、阅读量和用户评论等内容，可以了解到对方做得不好的地方以及用户喜欢的内容，这些是可以有效利用的。

比如，同样是解决皮肤干燥问题的选题，可以是选择什么护肤品品牌解决皮肤干燥问题的推荐文，也可以是如何正确地洗脸的干货文，更可以是以介绍皮肤干燥原因为主的科普文。

对文案策划人员来说，在关注热点的同时，还需要分析热点的持续性，看热点是否已经过去，是否还值得写。比如说，可以从新榜、百度指数、微指数、好搜指数、阿里指数等趋势查询平台搜索相关关键词来看热度。

下面以百度指数为例，看如何利用百度指数看热点引导流量走向趋势图。百度指数是一个数据分享平台，建立在海量百度用户的行为数据基础之上。无论是对互联网还是对整个数据时代来说，百度指数都是非常重要的统计分析平台。百度指数最早上线于2006年，一经发布便引发业界轰动，更是被众多企业视为营销决策的重要依据。

具体来说，百度指数通过分析用户在百度网页以及百度新闻两大渠道中产生的行为数据，得出不同关键词在过去一段时间里的网络曝光率以及用户关注度，然后直接、客观地反映出来。

百度指数可以为我们提供哪些信息呢？我们可以使用百度指数估算一个关键词在百度搜索引擎的搜索规模大小，预测该关键词在一段时间内的涨跌趋势以及与之相关的新闻舆论变化。另外，我们还可以知道搜索关注这些关键词的用户画像是什么样的，同时还有哪些相关的搜素需求等。

对文案策划人员来说，利用百度指数估算或者判断出热点关键词引导流量走向的趋势是一种方便快捷的方式，过程如下。

第一步：在浏览器搜索框中搜索"百度指数"，然后出现页面，如图7-3所示，在搜索到的网页中点击带官网标识的百度指数。

第二步：打开百度指数页面，点击右上角的"登录"按钮，登录已经注册好的百度账户，如图7-4所示。

第三步：在百度指数搜索框中输入关键词，就可以点击查看该关键词的指数。2017年9月9日晚，2017芭莎慈善夜在北京国家奥林匹克中心举行，演艺圈各路明星悉数到场，一时间话题无数。下面以"芭莎慈善"关键词为例，看百度指数如何反映热点关键词引导流量走向趋势。打开"芭莎慈善"的搜索界面，即可以看到"芭莎慈善"关键词的指数趋势，如图7-5所示。

图 7-3 搜索"百度指数"页面

图 7-4 百度指数页面

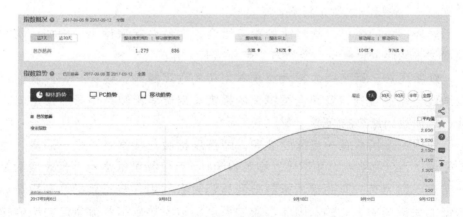

图 7-5 "SEO"关键词的指数趋势

第四步：在指数概况一栏里，我们可以选择查看关键词最近7天或者最近30天的搜索指数。在指数趋势一栏里，我们可以选择查看最近7天、最近30天、最近90天、半年或者全部的整体趋势、PC趋势以及移动趋势。另外，我们还可以选择需求图谱、舆情洞察或者人群画像来对"芭莎慈善"做进一步了解。

第五步：利用高级功能对关键词进行全面分析。关键词指数研究的高级功能包括关键词对比检索、关键词组合检索、关键词组合对比检索等。

关键词对比检索指的是在关键词旁边添加对比词，实现不同关键词数据的对比查询，如图7-6所示。在曲线图上，不同关键词的指数变化曲线会用不同颜色的曲线进行区分。例如，我们可以同时检索"芭莎慈善"与"张韶涵"。目前，百度指数最多支持5个关键词的对比检索。

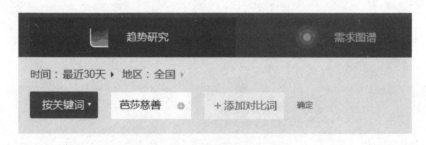

图7-6　关键词对比检索页面

关键词组合检索指的是利用加号将不同的关键词相连接，从而查询出不同关键词的指数累计数据。查询到的总数据体现出的是组合关键词的指数热度。例如，我们可以检索"张韶涵+北京演唱会"。目前，百度指数最多支持3个关键词的累加检索。

另外，我们还可以将对比检索与组合检索联合起来使用。例如，同时检索"张韶涵+北京演唱会"与"芭莎慈善+苏芒"。

众所周知，百度指数越大意味着用户关注度越高。这样一来，我们可以通过多个关键词以及组合关键词的搜索量对比看出热点引导流量走向趋势，从而找到最热的选题。

使用百度指数有一点需要注意，即百度指数与搜索量不是一回事。也就是说，百度指数为0并不代表搜索量为0，百度指数很高也不代表搜索量一定高。因为有一些关键词指数是利益相关者利用一些工具把本来指数非常低的关键词刷上去的。因此，通过百度指数看热点引导流量走向趋势的时候还需要结合其他工具综合分析。

7.2.2 借助热点，进行关联性策划

　　文案创作应当从用户感兴趣的话题着手，然后结合自己所要推广的品牌或产品，这样的文案对用户才具有吸引力。然而，很多文案策划人员不知道如何利用热点创作，有的热点甚至发挥了相反的作用。本节为大家分享了借助热点巧写文案的经验。

　　文案想要利用的热点，策划人员首先需要进行总结，发表自己的简短观点。将这一段评论文字作为热点标签可以引起众多用户的关注，引发他们点击阅读的欲望。不管用户是否同意你的观点，他们的关注就是我们想要达到的效果。在描述完热点标签之后，文案策划人员需要根据这个结论衍生到推广对象身上，把文案内容填充完整。

　　热点标签描述的重要性是不言而喻的，具有吸引力的热点标签会给文案加分，让用户产生继续看下去的动力。同时，文案标题也需要结合热点创作。

　　结合热点创作文案的时候，热点与推广对象的联系不能生硬。文案策划人员应该将他们自然地联系在一起。下面从两个方面讲述借助热点进行关联性策划的方法。

　　第一种情况是推广对象与热点相关。这种情况下的切入点比较容易找到，可以采取抛砖引玉的手法，先利用关键词引起用户兴趣，然后潜移默化地把自己要推广营销的内容说出来。

　　例如，机械行业各种产品的营销推广是非常枯燥的，但是与热点结合起来写，则会有意想不到的效果。比如，胡润研究院在2016年6月初公布了"胡润百富榜"前50名，三一重工董事长梁稳根以700亿元身家成为中国内地首富。如果机械行业某公司的文案从这里切入，通过首富一词吸引众人目光，然后逐渐体现出公司信息就显得顺理成章了。

　　第二种情况是推广对象与热点不太相关。这种情况下的切入点可以通过联想获得，即把产品的功能或者特性以极其细小的联系与热点进行连贯。

　　比如，某公司自主开发的CCProxy代理服务器在市场上已经积累了一定的名气，但是还需要进一步开拓市场。于是，该企业的官方微信公众号便推送了这样一篇文案《原来它可以阻挡住<中国好声音>》。从标题看来，用户会产生疑惑，《中国好声音》这么红火，谁能阻挡住它？看完内容，用户才发现，原来这只是个引子而已。

　　文案内容主要讲述了员工在上班时间偷偷看《中国好声音》，老板通过

安装CCProxy代理服务器屏蔽视频网站信号从而阻止员工上班时间看视频的故事。这一案例说明即使热点与公司产品无关，一样可以写出吸引人的好文案。

7.3 挖掘痛点

简单地说，痛点就是消费者在正常的生活中遭遇的麻烦、纠结和抱怨，如果不能将问题解决，他们就会陷入一种负面情绪中，产生痛苦。因此，消费者需要一种解决方案化解自己的痛点，使自己的生活状态恢复正常。文案策划人员可以从这一方面出发，以用户痛点为选题，提出解决方案。

7.3.1 避免伪痛点

伪痛点的具体表现是痛点和产品无关，痛完之后没有转化。比如说，消费者是白领，呼吁他们放松身心，去享受生活。于是文案写道："你见过这个城市凌晨4点，那你见过梅里雪山的凌晨4点吗？××旅行社，带你看每个城市的凌晨。"一个在凌晨4点回家的程序员，看到这个文案后百感交集。

还有，消费者是家庭妇女，呼吁她们照顾家庭的同时也要关爱自己。于是文案写道："你未嫁时绝代风华，出嫁后油盐酱醋，××化妆品，好好爱自己。"

再比如，消费者是商务型男士，呼吁他们放下应酬，回归家庭。于是文案写道："儿子问妈妈，爸爸是蝙蝠侠吗，为什么只有在我睡着的时候他才回来。××手工坊，和孩子一起做饼干。"

这些文案写得好吗？大部分人会说写得好，因为道出了这个群体的心声，戳到了这个群体的痛点，引起了用户的共鸣。然而，仔细想想，这跟产品有关系吗？对于白领人群来说，加班累可以睡觉、找朋友谈心，为什么一定是旅行？对于家庭妇女来说，关爱自己可以买漂亮衣服、和老公来个蜜月旅行，为什么一定是买化妆品？对于商务型男士来说，陪伴孩子可以是给儿子讲睡前故事、陪儿子去游乐园，为什么一定是做饼干？

所以我们说这些文案所讲的痛点都是伪痛点，因为痛点和产品无关，痛完之后没有转化。伪痛点主要有两个特征：一是覆盖人群广泛，比如北上广白领、家庭妇女、商务型男士等；二是匹配度高，可以和不同行业的不同产品相结合，表面上引起了用户共鸣，其实在自说自话。

把社会上一种群体的痛点当做是产品的消费群体的痛点是很多文案策划人员会犯的错误。这会导致消费者和产品脱节，产品无法满足文案所表现出来的痛点。所以，文案策划人员在寻找痛点之前首先得思考，这个痛点和产品有什么关系？群体痛点和产品交集的部分是什么？

7.3.2 戳中真痛点

上面提到，文案策划人员如果把社会上一种群体的痛点当做是产品的消费群体的痛点就会造就伪痛点，用户痛过之后没有下一步的动作。那怎样才能戳中用户真正的痛点呢？

第一步：细化人群

首先看一下消费者和消费群体的区别。消费者是一个作为个体的人，有着复杂的个性和情绪，能够与企业产生交流。而消费群体是一个集合概念，是由千千万万的消费者组成的，具有一种共性。比如说，一个"90后"上班族既属于"90后"人群，也属于中国上班族人群，属于具有不同特质的不同群体，但他作为一个消费者，其特性是复杂的。

企业营销类工作人员都喜欢研究消费群体、消费心理，希望能够洞悉某种类型的消费群体。然而，消费群体的痛点是非常宽泛的，文案策划人员很难达到运用消费群体痛点的这个高段位。所以，寻找真痛点要求文案策划人员细分消费群体。只有彻底了解消费者的特性才能写出具有针对性的文案。

下面以日本进口高档陶瓷餐具为例，对消费人群进行细分。日本进口高档陶瓷餐具的目标人群是身处北上广等一线城市的女性白领。针对该群体工作压力大，身心疲惫的痛点，文案可以是"抽离城市繁忙，让瓷器陪你停下来"。

如果对身处北上广等一线城市的女性白领这一人群进行细分，可以是身处北上广等一线城市的25岁左右有消费能力的女性白领。针对细分后的人群希望自己有高质量生活的痛点，文案为："偶尔小资，对得起自己努力工作"。

继续对身处北上广等一线城市25岁有消费能力的女性白领这一人群细

分，可以是身处北上广等一线城市的25岁左右有消费能力的文艺女性白领。这一细分人群的痛点是希望释放自己与众不同的气质，针对这一痛点，文案为："器皿是生活的艺术，给你自然、淳朴的享受"。

很容易发现，人群每经过一次细分，痛点就会发生改变。随着细分程度加大，用户画像也越来越清晰。写文案的时候，针对的用户画像越清晰，痛点越趋向于消费者的真实内心。

第二步：近距离接触消费者

近距离接触消费者是寻找真痛点最直接、有效的一种方式。要想知道消费者怎样看待产品、使用产品、评价产品以及怎样和品牌进行互动，就必须比消费者了解自身相比还要更了解他们。这要求文案策划人员仔细观察产品和消费者之间的微弱关系，再从产品出发，分析消费者的深层动机。

举例来说，产品是耳机，文案策划人员就要深入了解耳机发烧友的世界，和他们聊天，和他们成为好朋友，而不是整天揣测他们这群人的心理。在这个过程中，你会知道自己的用户类型是初次玩耳机的人还是对耳机有一定研究的人，或是中高端的耳机发烧友。还有，你会找到目标用户的关注点，包括声音还原的冷、暖、柔和、刚猛等风格特点，对细节的还原、低频的控制力、声场/定位的表现等。

对文案策划人员来说，伪痛点和真痛点的区别不在于自己的人生阅历和人性洞察是否足够，而是有没有和消费者进行有效沟通，与消费者融为一体，真正去了解他们。很多文案大师都是在与消费者面对面，一对一沟通中捕捉到的真实痛点。

事件营销最大的特点就是成本低，效果显著。不论是造势营销、借势营销，或造势与借势相结合的营销，都是短时间内提高特定品牌和产品知名度与美誉度的最佳营销方式。下面我们将通过两个案例展现事件营销的高性价比。

7.4 确定表现形式

文案的表现形式包括文字、图片、视频等。找到合适的选题后，文案策划人员还需要确定文案的表现形式。同样的选题，表现形式不同，受到的关注度就不同。所以，文案策划人员需要给文案找到合适的表现形式，获得最大的关注度。

7.4.1 文字、图片、视频

在新媒体时代，越来越多的企业加入到文案推广的阵营中。然而企业进行宣传推广的内容如果太过恶俗或者没有价值将会引发广大用户的反感甚至采取行动抵制传播。"优衣库事件"不雅视频曾经引爆了用户的朋友圈，部分商家借势进行文案推广，其中包含一些淫秽色情的图片和文字表述，不少网友对其表示不满，称其为"恶趣味""品位低下"等。

神州专车在微博中发布了"Beat U，我怕黑专车"的主题海报，多位著名演员参与了海报的制作，明显在暗指Uber为黑专车，在网上引发巨大争议。大多数网友认为神州专车采取了不正当的竞争手段，对其进行了负面评价。微博上出现各种"删掉神州专车，声援Uber"的声讨。

对于突破底线的恶俗文案，用户感到不胜其烦，使得企业的文案推广发挥了反作用。文案推广其实并不简单，对内容设计和流行敏感性的感知力有极高要求，如果没有精细的策划和丰富的经验做基础，文案推广就无法发挥积极作用。文案策划人员进行文案策划应该遵循三项基本原则。

一是寓教于乐，任何营销如果营销目的太过于直白，消费者都会感到反感。尤其是文案推广，千万不要对消费者进行严肃的说教，要将目的隐藏在娱乐之中。

二是文案的内容应该符合消费者的认知，符合网络文化。不健康、挑战消费者道德底线的文案内容常常会引起争议，不能起到积极作用。

三是文案需要有适合传播内容的核心点，比如总结2014年最畅销车型的总结类帖子、注册网站送代金券的噱头类话题、挑战乔布斯智商的悬念类游戏或测试。核心点的制造需要为消费者的主动传播打好基础，只依赖于企业内部人员是不行的。

当企业的文案真正做到有料，才能抓住消费者的心，企业的品牌才能得以传播，并促进销售。"给'恶犬Eddie'找个家"是2014年最成功的文案推广案例之一。大部分宠物认养组织为了给小动物们找一个安身之所，都会尽可能地给小动物们拍出很可爱很漂亮的照片，但是硅谷动物保护协会却没有这样做。

2014年12月，硅谷动物保护协会发布了一套照片。这些照片与以往可爱、漂亮的风格有所不同，非常有创意地呈现出了小动物们真实的样子。一只名为"恶犬Eddie"的吉娃娃照片（见图7-7）火爆网络，成为网上的"小明星"。发布这套照片的博文开始在收容所的网站和各大社交网站上迅速流传。同时，收容所还在YouTube上发布了相关视频，加速了文案的推广。

图7-7 "恶犬Eddie"

此次文案推广活动在社会上引起了轰动，包括《赫芬顿邮报》在内的各大新闻媒体纷纷进行了追踪报道，宠物收容所开始被人们关注。而"恶犬Eddie"终于找到了一个能够栖身的家。

以前，宠物收容所的宣传广告都是播放煽情系列幻灯片。幻灯片中是一些让人心碎的动物照片，辅以悲伤、严肃的背景音乐。然而这种广告并没有吸引人们前来收容所，人们普遍认为收容所是一个压抑的地方，这都是宣传广告造成的。硅谷动物保护协会发布的这套照片没有将精神创伤、悲伤、虐待和事故等负面因素作为表现主题，创意而有趣的照片取得了很好的宣传效果。文案内容要做到有内涵，有吸引力，应该从以下几个方面入手。

1. 使用文字的表现形式

笑话和故事：通过把产品植入笑话或者故事中，可以实现文案的高效传播。为产品设计的故事要适合大面积传播，并且有足够吸引消费者眼球的理由。

传统文化知识：通过谜语、对联等形式的文字游戏吸引很多有一定知识水平或者喜欢恶搞的年轻人注意,实现高效传播,比如给出"可口可乐可口又可乐"的上联,寻找最搭配的下联文字帖吸引了很多网友的参与。

总结贴:很多企业都使用月度、季度或者年度总结对企业品牌进行宣传。这种文案推广手段配合图片使用的效果非常好。

2.使用图片的表现形式

影视公司经常在宣传电影海报时,将最精彩的电影画面制作成电影海报吸引消费者观看电影;企业通过宣传形象代言人达到宣传产品的目的。

风景和物品图片:城市宣传、奢侈品、化妆品、数码手机产品等都适合运用这种表现方式。而且,风景和物品图片的使用常常配合了排行榜以及故事说法一起使用。比如世界十大旅游城市以及典故、知名奢侈品的皇家情缘、十二星座女生分别适合哪一品牌手机等。

PS图片:PS图片是利用PHOTOSHOP平面设计软件等专业工具对图片进行修改和创意得来的。任何企业和产品为了保证文案的推广效果都可以运用这种方式,达到恶搞和幽默的图片效果。"恶搞"是最能吸引消费者眼球的方式之一,对于高效传播有积极推动作用。

表情图片:QQ群、MSN群是网络上著名的社交圈子,包含着独特文化。这类社交圈子的信息流量巨大,表情图片的传播非常有效。企业通过制作与产品有关的表情图片可以实现无限量表情病毒,产生强大的传播效应。比如,很多卡通人物被制作成QQ表情,使原本在电视和FALSH中的人物受到了各种人群的广泛关注,知名度得以快速提升。

3.使用视频和FLASH的表现形式

视频和FLASH是文案表现效果最好的形式,但是传播总量却比文字和图片少很多。视频和FLASH会受网站代码和带宽的限制,得不到大面积的广泛传播。这时,最好的方法就是全面结合各种工具的使用,在无法上传视频的媒体使用文字和图片,然后加上超级链接,保证文案推广效益的最大化。

实际上,文案推广的手段还有很多,比如祝福网页、智力测试、自动生成文字和图片的文案推广手段等,这里不一一列举。

7.4.2 宝马"沙漠怪圈"文案引爆传播

宝马发布的"沙漠怪圈"推广文案曾经非常引人注目。事情的起因是某摄影师发布的一条令人感到匪夷所思的微博消息："某沙漠旅行者发现巨型怪圈，地点在距离西宁开车3小时左右的戈壁滩。巨型怪圈有着十分规整且精确对称的圆环和线条，沟壑很深，目测有3～5cm。"在"图文并茂"的情况下，关注此微博的用户从外星人好事者向整个网络蔓延，微博中的公开视频一周内获得96.2万次的点击量。

距此微博发布一周后，凤凰视频发表相关微博称："目前，有媒体对青海'沙漠怪圈'进行了正面报道，高空航拍也没有揭开沙漠怪圈的谜团。其图案不仅是最完美的圆形，还包含了复杂对称的图案，人为短时间内根本无法制造出如此巨型的复杂图案。巨大和壮观的怪圈目前还无法得到合理的解释。"

"沙漠怪圈"文案经过媒体和公众大肆传播，引起社会广泛关注和猜测。在引起不小的社会轰动之后，宝马站出来澄清了事实。原来这是宝马为其1系家族以及即将上市的全新1系所策划的文案推广活动。这种特立独行的悬念营销方式，正好迎合了宝马1系的目标消费者。他们富有个性，活力充沛，热爱探索，喜欢创新。

随后，宝马发布了一段广告视频，向人们展示了"沙漠怪圈"的形成过程。原来"沙漠怪圈"是三辆宝马车合作完成的——三辆宝马1系车利用导航仪对驾驶路线进行精确计算并控制，最终碾压而成。"沙漠怪圈"的形成充分显示了宝马1系车优越的操作性能，使宝马1系车获得了很多年轻人的追捧。

宝马策划的"沙漠怪圈"文案推广活动经历了流出预热、升级、爆发、蔓延四个环节。宝马的文案策划人员抓住目标消费群年轻有活力、对未知事物充满好奇心的特点，设置了"沙漠怪圈"目击–报道–揭秘–引导的环节，整个流程衔接缜密，通过多种公众媒体的联合发声，取得了巨大的社会关注度。

第 8 章
热点事件借势文案

借势是产品大卖、品牌宣传的契机,所以文案策划人员应该正确面对借势,利用最热的点做出最好的借势文案。当一个热点事件发生,文案策划人员需要从中选择最佳的借势角度,展现自己的品牌和产品。

8.1 借势方式

热点事件借势文案根据借势方式可以分为跟随型和叠加型两种。跟随型指的是跟着热点走,形式比较被动,而叠加型指的是在原有热点的基础上做内容,凸显自己的内涵。下面一起看跟随型和叠加型文案是怎样写作的。

8.1.1 跟随型

跟随型借势的主要表现是起哄,即某一个品牌对全行业发布了一个具有挑衅意味的文案,制造了一个热点事件,其他品牌纷纷响应,在自身卖点的基础上发布反击文案。

2014年10月,阿里巴巴正式发布旗下在线旅游品牌——"去啊旅行","去啊旅行"的前身正是"淘宝旅行"。这意味着成立四年的淘宝旅行全新升级为独立子品牌,与天猫、淘宝、聚划算等属于同级,手机APP用户端名称为"去啊旅行"。"去啊旅行"的重点是推动在线休闲度假领域的服务性升级。

阿里巴巴创始人马云表示,将品牌名称定义为"去啊",意在说明去哪儿不重要,去啊才实在。"去啊旅行"方面还公布一张文案海报,写道:"去哪里不重要,重要的是……去啊","去哪里不重要"正是暗指国内另一在线旅游巨头"去哪儿"。

"去哪儿"是一家在线旅游引擎中文网站,面对"去啊旅行"的挑衅,去哪儿随即回应,发布一款海报文案,"人生的行动不只是鲁莽的'去啊',沉着冷静的选择'去哪儿'才是一种成熟态度"。

对此,其他在线旅游品牌也不甘寂寞,接下来,请看各家跟随型文案。

途牛的海报文案:"都别闹了!什么去啊,去哪儿,这程,那程,只信一句话,要旅游,找途牛!"

我趣旅行的海报文案:"旅行的态度不是'去啊',旅行的意义不在乎'去哪儿',让爷玩HIGH了,才叫'我趣旅行'。"

春秋航空的海报文案:"旅行,其实是心灵的修行,在乎的不是去哪儿,也不是一时去啊的冲动,而是行程中你是否有收获。品质游,找春秋。"

携程自驾游的海报文案:"旅行的意义不在于'去哪儿',也不应该只是一句敷衍的'去啊'，旅行就是要与对的人，携手同行，共享一段精彩旅程。"

京东旅行的海报文案："他们说'去啊'，就去吧。他们说'去哪儿'，就去哪吧。他们要携家带口慢慢启程，那就这样吧。听从大家的安排，看着重复的风景，一辈子就这样活着，别上京东旅行。"

驴妈妈旅游网的海报文案："从起步到成长，真正与你同行的只有妈妈，'去哪儿'听妈的。"

周边类品牌也创作了跟随型文案，借助热点火了一把。

途家（住宿）的海报文案："人生旅途，'去啊'和'去哪儿'都不重要，重要的是想走就走的态度以及不一样的住宿体验。"

租租车（租车）的海报文案："你得知道一站搞定全球租车才能说'去啊'就去啊，想'去哪儿'就去哪儿。"

易到用车（租车）的海报文案："'去啊'是新的冲动，'去哪儿'仍是个问题，终究得容'易到'才行。"

从以上这些海报文案可以看出，借两家文案对战的热点，第三方也可以推出自家的创意文案，宣传自家品牌。跟随型文案的创作比较简单，在热点事件来得快去得快的情况下，创作跟随型文案更合适一点。

8.1.2 叠加型

看完跟随型借势，下面介绍叠加型借势。从热点本身来说，其周期生命力和热度都是有限的，就像某企业家的结婚故事，过一段时间大家都不会再提起这件事了。所以，对企业来说，为热点保温，使其为自己所用是非常重要的。叠加型借势就是将热点作为垫脚石进行延展和纵深，使品牌获得最大利益。

情人节期间，某理财平台借势推出理财方案，并利用同音字"才"与"财"，如图8-1所示。

热点事件经常成为全民瞩目的焦点，营销人如果能够顺应大环境，创作叠加型

图8-1 某理财平台推广文案

文案，将为企业节省很多精力和成本。借势热点事件的机会有很多，这时，文案策划人员另辟蹊径的奇思妙想显得尤为重要。

8.2 借势范围

热点事件借势文案根据借势范围分为行业借势和跨界借势。上面讲到的去哪儿、途牛等在线旅游品牌借势"去啊旅行"文案的案例就属于行业借势。跨界借势则主张从本行业跳出来，不仅盯着某几个竞品，还要学会跨界。因为当前时代背景下，任何热点都是可以利用的，在信息爆炸和信息过剩的环境下，如果你不发声，没有人会注意你。

8.2.1 行业借势

锤子科技创始人罗永浩曾在锤子手机产品发布会上将锤子手机系统与苹果、小米、三星手机系统做了详细对比，并说："这么多年过去了，总是面对满屏的矩形圆角图标，还不腻？"

罗永浩通过把锤子手机与苹果、小米、三星手机联系在一起，给消费者留下了很深的印象，使得很多消费者将锤子手机与苹果、小米等手机列为水平相当的一类，对锤子手机的市场推广起到促进作用。

罗永浩对锤子手机产品的推广过程中，进行了行业借势。对新产品来说，进行行业借势能够使目标消费者迅速完成对产品认识、感兴趣到购买的过程。

很多企业在开发新产品时都有这样的顾虑：在这个行业里，一些知名品牌的形象与利益点已经在消费者心中建立了稳固的壁垒。一旦新产品采用传统的品牌建立和提升策略进行推广营销，可能要花费巨额的成本。新品牌与知名品牌的抗衡可谓是以卵击石。而行业借势就是在这种情况下发挥作用的。

借知名品牌的东风对新品牌进行文案推广，让消费者的视觉、听觉、触觉和感知形成统一的认知：新产品已经可以与知名品牌相提并论。

蒙牛刚刚诞生的时候，只不过是一家普通的乳制品公司，和众多的乳制品公司一起被淹没在品牌的海洋中。如果依照传统的运作方式，蒙牛也有可能成为一个销量不错的品牌,但是要想成为与伊利齐名的知名品牌,几乎是不可能的事情。

蒙牛诞生伊始,没有工厂、没有品牌知名度、没有市场份额,然而它将自己与当时乳制品最大企业伊利联系在了一起。比如,蒙牛的第一块广告牌上写着"做内蒙古第二品牌";第一本宣传册上写的是"千里草原腾起伊利集团、蒙牛乳业……我们为内蒙古喝彩";蒙牛冰激凌最初的包装上写着"为民族工业争气,向伊利学习"。

伊利的知名度无形中对蒙牛产生了巨大影响,提高了蒙牛的知名度。一方面,蒙牛宣称做"第二"的谦虚态度赢得了消费者的尊敬与信赖,获得了良好的口碑。另一方面,"第二"等于为自己占领了一个只屈居于伊利之下的制高点,将其他所有的竞争对手抛在了身后。这样,消费者都记住并认可了"第二"的蒙牛。

蒙牛的巨大成功必然有多方面的原因,其行业借势策略发挥了关键作用。蒙牛对行业借势的运用可谓是经典之作。

不管是已经小有成就的企业,还是一些新生企业,都应该学习蒙牛的成功经验,通过行业借势提升自身竞争力。行业借势有三种类型,内容如图8-2所示。

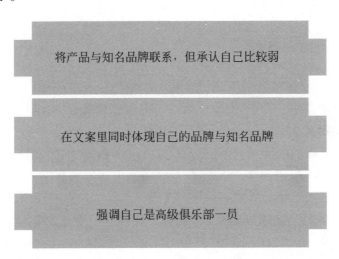

图8-2 行业借势的三种类型

一是将产品与知名品牌联系,但承认自己比较弱。这种方式会让消费者感觉企业诚实可信,没有欺骗消费者,从而增加消费者对企业的信任感。如果企业在宣传自己的产品时将自己认作行业第一,在知名度没有达到的情况下，消费者不仅不会相信，还会对企业产生不良印象，最终对企业造成不利影响。

二是在文案里同时体现自己的品牌与知名品牌。通过文案语言的引导，消费者会不知不觉地将我们的产品与知名品牌联系起来，而且对知名品牌有很强信任感的消费者也会因此对我们的品牌产生一定信任。如此一来，消费者对产品的认识将上升一个层次，将我们的品牌与知名品牌相提并论，有效刺激消费者的购买欲望。

三是强调自己是高级俱乐部一员。在某些行业中，如果前两种方法都不可行，还可以采用此策略，即借助群体声望或者模糊数学的手法，以俱乐部式的高级团体的名义，强调自己是其中一员。由于高级俱乐部具有严格限制，这种做法能够有效提升自己的地位形象。

比如，宣称自己是"某行业的三大公司之一""10家驰名商标之一"等。美国克莱斯勒汽车公司就是这样做的，它通过宣传自己是"三大汽车公司之一"，使消费者认识到克莱斯勒已经是知名品牌了，大大提升了品牌知名度。

行业借势文案是一种有效的推广策略，可以使企业"借势"上场，在消费者心目中展示企业的品牌定位。

8.2.2　跨界借势

2016年，新希望乳业新品"轻爱·轻酸奶"上市过程中，就通过锁定超人气歌手李荣浩，冠名10场李荣浩世界巡回演唱会切入市场，成为跨界借势的典型案例。

在定义品牌的过程中，"轻爱·轻酸奶"将自己"轻"的调性延展成一种生活方式，不仅突出了产品畅爽不黏稠、天然零添加等"轻"特质，还展现了一种"轻"生活方式——活，该轻一点。

基于品牌内涵的精准定位，"轻爱·轻酸奶"在选择明星的过程中有着明确的要求。人气高不是唯一的标准，贴合"轻"生活的态度才能成为"轻爱·轻酸奶"的最佳搭档。因此，年轻而有内涵，有着鲜明"轻"风格的歌手李荣浩被"轻爱·轻酸奶"选中。

在后续营销过程中，"轻爱·轻酸奶"受到李荣浩的新专辑《有理想》的启发，推出了"轻理想"主题，并围绕主题与粉丝进行了全方位走心互动。清晰的内容传播主线以及默契合拍的品牌调性非常容易触动消费者的情感和品牌认同。

对"轻爱·轻酸奶"来说，如何将李荣浩的粉丝进行有效转化，是一个难题。在转化过程中，品牌需要打造用户参与感调动粉丝情感，将粉丝的热情归拢到产品与品牌上来。于是，"轻爱·轻酸奶"展开了精准的圈层营销，通过线上线下双向的内容传递、体验互动等俘获了第一批"轻粉"。

在线下，"轻爱·轻酸奶"以清新形象亮相"5.20李荣浩2016世界巡回演唱会"首站——北京演唱会，吸引了现场粉丝的关注。当天，品牌商更是带着李荣浩的"鲸鱼"粉丝们向偶像表达自己的喜爱之情，在成都多个地方发起粉丝齐唱《李白》的快闪活动，为北京演唱会加油助阵。之后，在李荣浩成都演唱会发布会上，粉丝们纷纷表达自己对于"轻理想"的感悟，讨论"轻生活"理念，不知不觉已经被"轻爱·轻酸奶"的品牌内涵所影响。

在线上，"轻爱·轻酸奶"对"轻"属性进行了深度挖掘，不仅制作了李荣浩的歌词手绘卡，还发动粉丝后援会通过自拍为李荣浩的演唱会加油。"轻爱·轻酸奶"通过一系列互动活动与李荣浩的粉丝互动，引起了粉丝们的情感共鸣。

在社会化媒体的联动传播中，微博营销也成为"轻爱·轻酸奶"本次营销活动的关键一环。2016年5月26日，"轻爱·轻酸奶"借势李荣浩演唱会推出了"轻理想生活"活动，并与粉丝们深度互动，选择有趣的"轻理想"帮助粉丝实现。微博互动极大地激发了网友的热情，仅一个月内，话题传播已经覆盖4600万用户，参与"轻理想"发布的微博用户突破1.4万。

从与李荣浩粉丝的持续互动到微博营销，围绕李荣浩明星IP的营销活动让"轻爱·轻酸奶"的推广效果实现了最大化，不仅宣传了自己的品牌，还吸引了一批精准粉丝。诞生不足一年的"轻爱·轻酸奶"凭借跨界借势笼络了一批年轻的粉丝。

偶像明星代言、网红直播植入广告、电视剧赞助等，当各大品牌纷纷追逐最火爆的明星IP，行业的"套路"也越来越缺乏新意。如果品牌只是消费粉丝的注意力，而不重视品牌与明星IP的契合度，那么粉丝可能只会在活动红利面前"逢场作戏"，而不会成为品牌的忠实拥护者。因此，企业需要注意在跨界借势的时候选择与品牌调性一致的对象。

8.3 传播时间

热点事件借势文案根据传播时间分为借长势和借短势。所谓长和短，是指所借之势的生命周期。如果是在电影上映期间，品牌围绕电影所规划的借势文案推广属于借短势。比如说，七匹狼在狼图腾上映过程中进行的借势文案推广。如果早在电影上映之前，就抱电影的大腿，则属于借长势。举例来说，在速度与激情戏系列电影上映过程中，速八酒店火了，而在系列电影拍出第八部之前，速8酒店都可以一直创作与速度与激情电影相关的文案，进行品牌推广。

8.3.1 借长势

运动品牌新百伦（New Balance）曾经与音乐人李宗盛合作创作《致匠心》微电影，对于塑造品牌美誉度起到很大作用。对新百伦来说，只要李宗盛作为音乐人的正面形象可以持续下去，就可以一直借助李宗盛的影响力进行品牌推广。

早在2010年之前，新百伦曾被耐克、阿迪达斯打得毫无招架之力。然而从2010年开始，随着慢跑运动的兴起，新百伦开始以专注跑步为卖点，在运动市场崭露头角。2017年，新百伦已经成为广大消费者心目中最喜爱的运动品牌之一。

新百伦的火爆有多种原因，其中一个原因就是它非常擅长微电影营销。以《致匠心》为例，视频一经推出就引起了大量网友的自主转发。更重要的是，许多网友被这部微电影打动，触动了他们内心的情怀。

这部微电影共有3分31秒，明线是音乐人李宗盛做吉他的自述，暗线是欧美匠人做新百伦鞋子。下面是自述文案：

人生很多事急不得，你得等它自己熟。我二十出头入行，三十年写了不到三百首歌，当然算是量少的。我想一个人有多少天分，跟他出什么样的作品，并无太大关联。天分我还是有的，我有能耐住性子的天分。

人不能孤独地活着，之所以有作品，是为了沟通，透过作品去告诉人家心里的想法，眼中看世界的样子，所在意的、珍惜的。所以，作品就是自己所有精工制作的对象。最珍贵，不能替代的就只有一个字——人，人有情怀、有信念、有态度。所以，没有理所当然，就是要在各种变量可能之中，仍然做到最好。

世界再嘈杂，匠人的内心绝对必须是安静安定的，面对大自然赠予的素材，我得先成就它，它才有可能成就我。我知道，手艺人往往意味着固执、缓慢、少量、劳作，但是这些背后所隐含的是、专注、技艺、对完美的追求。所以，我们宁愿这样，也必须这样，也一直这样，为什么，我们要保留我们最珍贵的，最引以为傲的。一辈子，总是还得让一些善意执念推着往前，我们因此能愿意去听从内心的安排，专注做点东西。至少对得起光阴岁月，其他的就留给时间去说吧。

文案牢牢抓住追求完美这个点，引起了观看者的共鸣。视频中李宗盛对于音乐的不将就暗示了新百伦对于原材料的不将就、李宗盛对细节的把控暗示了新百伦鞋子对于细节的专注，由此来为新百伦做背书非常容易让大家接受。

《致匠心》不是一段简单说产品好的广告视频，而是一部赞扬人性中美好品质的微电影，赋予了作品独一无二的价值，也让每一位观众感受到了自己的珍贵和价值。

微电影营销不是简单的说产品好，而是找一些贴近消费者生活的素材，然后通过好的视频桥段、内容优质的文案来为自己的产品背书。表面上与产品无关，实则通过不同的形式和渠道把产品和品牌的特点表现得淋漓尽致，这样的内容才能引起消费者自主转发，并进行口碑传播。另外，作为借长势的对象，李宗盛对音乐的极致追求与新百伦对工艺的极致追求非常契合，这就是《致匠心》帮助新百伦火起来的原因。

8.3.2　借短势

洁婷品牌创立于1997年。在变幻无常的互联网时代，洁婷不断蜕变以顺应时代潮流。现如今，洁婷正试图摆脱人们心中的固有形象，朝着更年轻化、更社交化的"透气少女"逆生长。

2016年年初，洁婷与人气偶像赵丽颖牵手，借助社交新媒体与消费者展开互动，还通过开办公益活动传递洁婷的品牌价值，一系列营销活动打动了年轻一代的主流消费群体，构建了洁婷与消费者之间的新关系模式，更为洁婷品牌的年轻化奠定了稳固的基石。

首先，洁婷与大业、前景联手打造自主IP，推出赵丽颖代言的"透气大片"。此广告片是洁婷牵手赵丽颖以来的首次发声，在2016年7月1日与大家见面。

其次，洁婷与博胜互动合作打造了洁婷品牌传播体系。博胜互动是国内专业的营销、制作公司，洁婷与之合作有助于通过多元化品牌营销方式进行全方位的公关传播。

最后，洁婷同欢瑞世纪合作大胆试水网剧营销。赵丽颖作为洁婷的代言人，也是洁婷最好的明星资源。洁婷在牵手赵丽颖后，从话题铺设、两者形象关联概念植入两方面利用明星效应对洁婷品牌进行了传播。

此次洁婷一系列的营销活动不仅是顺应"互联网+"的浪潮，让洁婷品牌朝着年轻化、互联网化等多纬度方向转变，还在重构品牌效力之上，完成了洁婷品牌网剧营销新模式的构建。

与其他企业单纯进行代言人营销的方式不同，洁婷还深入到代言人赵丽颖主演的电视剧中，强化两者的连接点。在赵丽颖主演的电视剧火热上映期间，洁婷可以很好地借短势，下面以《楚乔传》为例，看洁婷是如何创作借短势文案的。

2017年6月2日，洁婷品牌微博发布文案："#赵丽颖的透气宣言##赵丽颖透气之约# 距离#楚乔传#播出仅剩3天[舔屏]，颖宝在洁婷品牌发布会上也不忘安利新剧[哈哈]这波安利Miss婷吃定啦！台下的颖火虫齐声请秀丽王带我们回家，楚大大如何回应呢[偷笑]哎哟~心都要被暖化啦[心]要不要一起在评论里再喊一遍口号？说不定秀丽王真的来带你们回家咯[坏笑]@赵丽颖全球粉丝后援会 @赵丽颖微吧 @赵丽颖吧官博"。

2017年6月5日中午12点，洁婷品牌微博发布文案："距《楚乔传》开播仅剩12小时[鼓掌]据Miss婷独家片花来看，不仅燃，还会让你想要和#赵丽颖#一起'旋转跳跃不停歇'[哈哈]为庆祝#赵丽颖楚乔传# 开播，Miss婷为翻来覆去激动得睡不着的虫宝们也准备了贴心礼物[心]晒出颖宝在剧集中出现的镜头截图并@洁婷品牌微博 抽3人送颖宝最爱的洁婷透气安心小裤裤哦~"。

2017年6月5日，《楚乔传》在湖南卫视"青春进行时"剧场正式开播。洁婷品牌微博借势发布文案："#赵丽颖楚乔传# 热血开场，你在看吗？[心]收视女王#赵丽颖# 强势回归，洁婷将携手#楚乔传#，荆棘之上，共同仰望，与你透气一夏，燃情一夏！祝收视长虹"。

2017年6月8日，洁婷品牌微博发布文案："#舒服过夏天##赵丽颖楚乔传#星儿初露锋芒升级为银铃铛啦，和玥公子的对视有点甜[害羞]可是训练难度还在升级，星儿在刻苦之余也要找机会让自己透透气哦[心]秀丽军们追剧也能收福利！贴心的Miss婷为让你舒服过夏天，特意送上售价198元的俪泉法国控油调理精华凝乳！关注@鸣杨文化和@洁婷品牌微博，转发微博并@3个好友，即有机会赢取。6月13日抽3份送。"

随着电视剧的热播，洁婷紧随剧情，结合品牌透气核心诉求，通过赵丽颖在剧中的表现以及量身定制的系列主题活动创作借势文案，通过微信、微博等社交媒体制造品牌话题热度，传递给消费者透气体验，在品牌话题传播的同时也将加大品牌内容传递，从而立体丰富地体现品牌价值主张。

除此之外，在节日以及一些特殊日子，洁婷也会创作借势文案，借热点的短势。

图8-3～图8-6就是洁婷在高考期间、七夕节日时发布的微博文案，旨在借助短期热点引爆品牌传播。

洁婷品牌微博 V
6月6日 16:00 来自 微话题·高考加油
#楚乔传# 只愿你们在铃声响起，合上笔盖的那一刻，有如楚乔一般凯旋而归、收刀入鞘的从容与骄傲❤！#高考加油#💪💪💪！

图8-3　2017年6月6日洁婷高考文案

洁婷品牌微博 V
6月7日 15:58 来自 微话题·高考加油
征程已过半⬇，忘掉已经考完的科目，全力投入下一门测试，Miss婷相信，你们都会"洁"报频传，"婷"好的🉑！#高考加油#！

图8-4　2017年6月7日洁婷高考文案

洁婷品牌微博 V
6月8日 16:56 来自 微话题·赵丽颖
#楚乔传# 透气小剧场《秀丽王的后宫日常》第一弹——高考篇🈶：当主角们结束人生大考那一瞬间，他们会在微信群里嗨什么呢🐕~
新一代考试必拜战神，你也想像楚乔一样百发百中，拿下考试么~赶快存图去胖友圈转发吧🐕，要知道战神利剑已出，必将横扫天下通知书~🙈🙈

图8-5　2017年6月8日洁婷高考文案

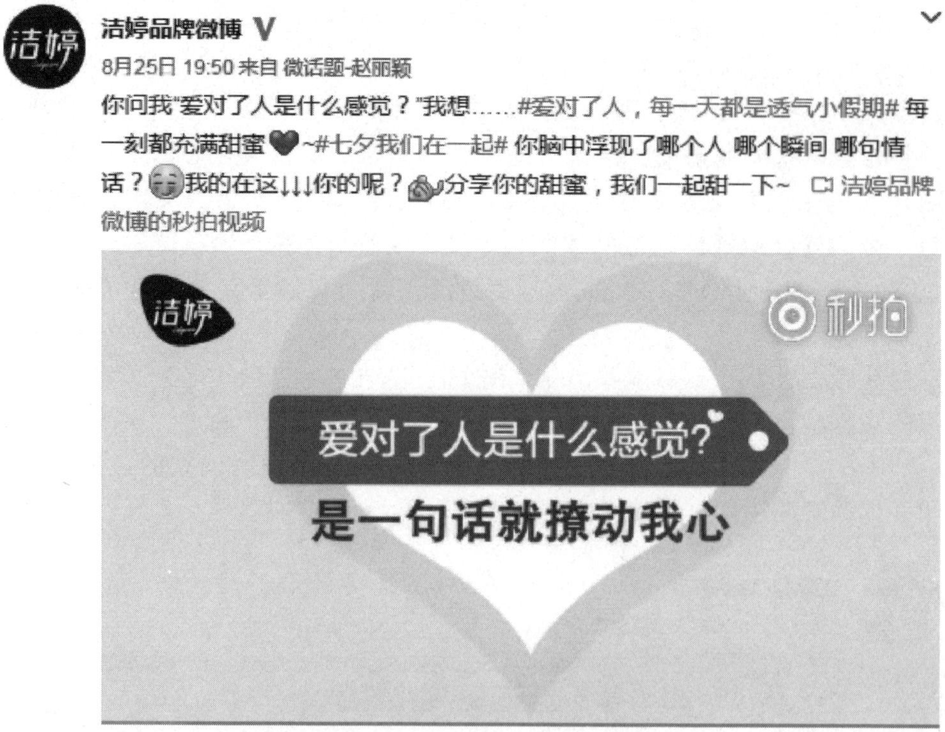

图8-6　2017年洁婷七夕文案

8.3.3　一个亿小目标的借势文案大分析

2016年8月29日,《鲁豫有约》官方微博发了一张图片,看了图片后,让人忍不住去传播(见图8-7)。

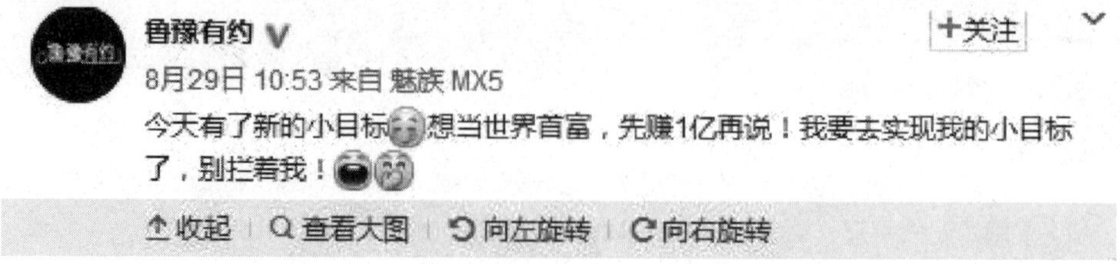

图8-7　鲁豫有约微博发布一个亿新闻

原来,《鲁豫有约》有个"大咖一日行"活动,就是由鲁豫陪着大咖一天,让观众看看大咖每天都是怎么工作和生活的。

这次大咖就是首富王健林。不少年轻的创业者都表达了成为首富的愿望，首富王健林对此建议："想做首富是对的，先定一个能达到的小目标，比方说我先挣它一个亿。"

这个热点的传播有两大关键因素。

一是名人效应。名人从来不缺少关注与话题。

二是强大反差。这个给人万万没想到的感觉，一亿元，对我们普通人来说是个天文数字，而对于要成为中国首富，确实是个小目标。要成为中国首富至少要有千亿资产，1亿元只是一个最低的门槛。

于是，关于这一热点的借势营销也开场了。看打车软件滴滴出行的借势营销（见图8-8）。

图8-8　滴滴出行借势营销

360安全浏览器的更有意思，借助热点营销的同时，又开了一个有趣味的玩笑（见图8-9）。

图8-9　360借势

与360相比，京东就比较实在了，体现存在感是必然的，但是还要与自己的目的挂钩，鼓励大家先把购物车给清了（图8-10）。

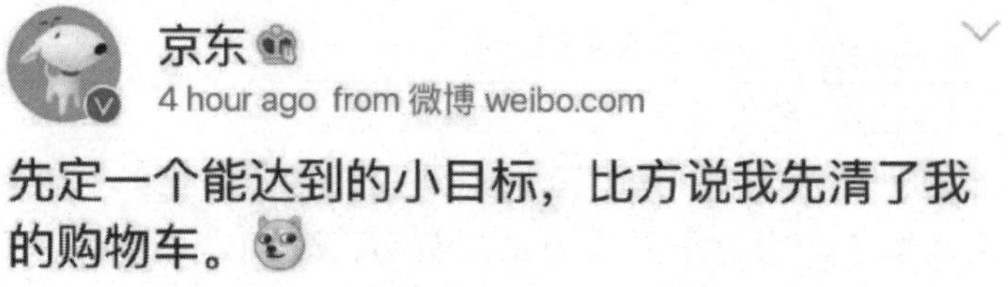

京东
4 hour ago from 微博 weibo.com

先定一个能达到的小目标，比方说我先清了我的购物车。

图8-10　京东借势营销

对比了不同的借势文案，我们发现，有的为了存在感而借势，有的为了品牌而借势，有的为了产生实际销售而借势。无论是出于哪种借势目的，都要与自己的产品调性与定位要一致，如果仅仅为了证明自己的存在，而损伤品牌那就得不偿失了。

我们不妨作一下延伸，王宝强微博于2016年8月14日发布离婚声明，这一热点甚至超过了奥运会，30天后，王宝强微博粉丝由1400万涨至2800万。

我们发现百度、京东、阿里巴巴、可口可乐、小米都没有使用这一热点，连文案界嗅觉最灵敏、反应最快的杜蕾斯也没有使用这一热点。

这一事件是热点，但是如果使用了对产品或品牌造成不利影响的可能性会比较大。因为这个热点与价值观、真善美相冲突。所以借势营销要有底线、有原则。

第9章 文案推广前4大确定

文案创作完成后,随后进入推广阶段。在文案推广之前,文案策划人员需要制订一个推广计划,确定投入预算、发布平台、发布时间以及发布后流量引入平台。下面一起看文案推广前的4大确定。

9.1 投入预算

文案推广必须有经费支撑,这样才能完成各项推广目标。比如,文案推广过程中需要支付人员工资、购买各项物料。下面以人员和物料这两项开支为重点,并结合案例,综合性讲述文案推广的第一个确定——投入预算。

9.1.1 人员开支

在文案推广的投入预算方面,第一大要素就是人员开支。一般来说,这方面的内容由企业的行政部门、人力资源部门、财务部门联合开展工作。比如,企业要利用一些微博大V的影响力进行文案推广,需要有多少资金,多少人力投入,时间如何安排,团队分工如何等。这些问题都要由行政部门和财务部门协调、确认,也就是说负责有关钱和人的事项。

传统意义上的人力资源工作会涉及员工的招聘选拔、日常考勤、入职离职手续、工资绩效考核、人事法规以及相关条例文件的起草与制定等,没有难度太高的工作。

所以,有人说,人力资源工作非常简单轻松,没什么特别大的压力和角色任务。事实上,人力资源是企业中的重要组成部分,相当于指挥调度员,负责列车的正常运转。而且,在企业的不同成长阶段,人力资源部门也扮演不同的角色,在文案推广中也是这样,包含从初期推广计划到中期实施再到后期总结的全部过程。

而在人员投入方面,人力资源部门需要确认参与文案推广工作的人数、时间等,如果与其他工作相冲突要积极协调。从总体来说,在文案推广过程中,涉及人员开支的工作,可以分为以下三个层次,如图9-1所示。

图9-1 人员开支的三个层次

1. 领导者

团队需要有领头人，文案推广也不例外。领导者是决定推广营销风格以及走向的核心人物，也是大家工作的灵魂支柱。所以，在文案推广过程中，领导者必须处于人力布局的绝对核心地位，指挥和引导整个活动的工作方向和进度。作为付出最多的人，领导者拿到的报酬相对较高。

2. 管理者

如果将文案推广活动看作一个学校，那么领导者就是该校校长，管理者则相当于班主任，负责学校具体事务的运作。所以，对管理者的选拔和管理以及风险控制等方面要非常细致。确保文案推广活动在管理者层面能够顺利实施。管理者拿到的报酬应当低于领导者的报酬。

3. 执行者

文案推广活动需要由具体的执行者来完成。对员工来说，执行工作包括联系微博大V、配合微博大V推送文案等。对微博大V来说，需要配合企业要求推送文案、与粉丝互动等。员工拿到的报酬是最低的，微博大V拿到的报酬与其自身知名度、影响力大小有直接关系。

当然，以上人员的角色分配并不是绝对，角色重叠现象也比较普遍。比如，有时领导者本身也是管理者，管理者也会参与文案推广活动的具体执行过程。策划人员要根据实际情况安排，以获得理想的推广效果。

另外，文案推广工作结束以后，要对参与者进行适当奖励，论功行赏、奖罚分明。这样才会让大家感受到辛勤付出后获得的回报，团队凝聚力才能更强大。

9.1.2 物料开支

物料开支是投入预算的第二大要素。在物料方面，文案推广工作人员必须提前列好需要准备的材料，包括基本物料、宣传材料、礼物物料等。

基本物料主要是指文案推广活动一般会用到的照片、音频、视频等。宣传材料主要包括PPT、官方宣传视频、与主题相关的视频等。礼物物料最好是实物礼品，比如U盘、充电器、T恤、书、水杯等。礼物本身要附带企业LOGO或品牌标识，增强礼物的辨识度。如果企业本身就生产实物产品，也可以作为礼品送给粉丝。图9-2为2017年9月9日，洁婷品牌微博发出的微博文案。

洁婷品牌微博 V

9月9日 18:42 来自 微话题-赵丽颖

#赵丽颖芭莎明星慈善夜#无论短发长发卷发直发~都是人美心善的最萌灵魂画手！#公益丽量,颖爱凝聚# 洁婷为公益打call力【转发助力❤】 Miss婷拿出珍藏的颖宝宝签名透气纸艺礼盒,抽1名送出！@赵丽颖全球粉丝后援会 @赵丽颖微吧 @赵丽颖吧官博 洁婷品牌微博的微博视频

图9-2　2017年9月9日,洁婷品牌微博发出的微博文案

礼物不仅可以拉近品牌与用户之间的距离,也能够发挥宣传推广作用。当然,需要注意的是,礼物要与企业风格相吻合,可以不突出产品功能性,但是一定要有宣传属性。

最后提醒大家,在投入预算方面,最低预算和最高预算都要分别上下浮动10%～20%。经费太紧张会影响推广效果,经费过多容易造成浪费,所以,控制比例是最好的办法。

9.2　确定发布平台

对企业来说,选择发布平台的时候,迷信平台的大小是一个错误。平台没有好坏,只有合适与否。大家用着都起作用的发布平台,你的企业不一定适合；一些平台非常冷门,也许对你的企业帮助很大。所以,一定要根据自己的产品和品牌选择合适的发布平台。

9.2.1　微博微信等社会化媒体

现代社会快节奏的生活方式将人们的时间碎片化,很多人都形成了一种浅阅读的阅读方式。这种方式为微博提供了一个有力的阅读环境。微博可以在140字的范围内发表想表达的内容。这种方式在很大程度上简化了传统媒体的传播方式,加上微博客户端的成熟和用户的普及,粉丝可以随时随地阅读自己关注的信息及发布信息。微博作为一种典型的社会化营销方式,它的传播效率以及对于用户的黏性是其他媒体不可比拟的。

在微博平台上,内容是最重要也是最困难的。如果话题有趣有料就能迅速吸引用户进行自发传播。传统的营销方式是通过电视、广播、报纸等

媒体渠道不断提醒消费者品牌的存在，而微博是通过为用户提供具有吸引力的内容扩大品牌影响力。要想在五花八门的营销内容中脱颖而出是很困难的，它需要巧妙的方法。

一般来说，受众都喜欢有料的信息内容，所以通过微博推送文案的内容如果包含有价值的资讯，就能够吸引到更多用户的关注。另外，很多有趣味性的视频也能在微博上达到惊人的传播效果。与文字图片相比，视频的叙事能力更加丰富，更加适用于这个视觉化的时代。

可口可乐换新包装时进行的歌词瓶营销已经成为营销界的经典案例。当时，可口可乐在微博端制造了"最打动你的歌词"话题，只要转发可口可乐的相关微博并@一个微博好友就有机会获得一个专属定制"歌词瓶"的可口可乐。"最打动你的歌词"这一话题有趣有料，触动了很多网友的心灵，使他们纷纷加入自发传播话题的大军中，并向他人分享自己的美好回忆，这也使得可口可乐的换装活动形成了病毒传播的趋势。

"有趣有料"的内容具有天生的优势，用户不需要任何回报就愿意为企业提供免费的广告宣传。在市场上的企业发布的信息都是赤裸的广告内容的情况下，一些经过加工的具有很大吸引力的产品和品牌信息就自然而然地受到粉丝们的追捧。

微博营销是点对面资源投放实现营销推广目的典型代表，其便利性和易传播性使得微博成为各大企业进行营销渠道选择中的时尚宠儿。

相对应的，微信营销是一种通过点对点的资源投放实现的点对点的营销，可以让每一个用户都能看到你传播的信息，了解你的最新动态，但是由于是点对点，营销的范围会变小，但是营销质量相对较好。

自微信火爆以来，星巴克、海底捞、电影、商场、今日头条、微媒体、小米、华为等通过微信营销的成功案例数不胜数。

作为国内餐饮连锁店中口碑最好的连锁店，海底捞很早就采用"O2O"营销了。通过微博运营，海底捞快速积累起一大批粉丝。为了加强客户关系管理和维护，海底捞在2014年1月正式推出微信公众号。海底捞微信公众号通过维护每一位客户，有效促进了微信线下支付，微信粉丝也越来越多。

截至2016年，微信公众号已经成为海底捞获取线上订单的主要来源，微信支付也成为海底捞重要的结算方式之一。

海底捞的微信公众号为客户提供了丰富的平台内容以及个性化服务。当客户关注了海底捞，海底捞的公众号系统就会询问客户是否使用当前实时位置。定位功能有助于海底捞根据此客户的地区发送差异化信息，提供更为个性化的服务。海底捞的微信公众号平台分为三个板块，包括发现、吃、玩。海底捞推送文案保持一周一次的频率，有助于维持新鲜感。

微信营销是一种点对点式的资源投放，因此微信可以实现向某一用户、某一区域或者某个群体的精准营销。企业可以通过搜索向某一特定人群进行信息推送，也可以通过扫描二维码、关注公众号等方式获得精准用户，然后定期向目标用户推送信息，然后，利用微信支付功能实现产品的交易。

9.2.2 注重多媒体平台分发

papi酱，网友称其为"2016年第一网红"，靠着几十条自制的毒舌吐槽视频从微博一路蹿红到朋友圈的奇女子。不到半年的时间，众人都中了一种叫做"papi酱"的毒，这一切让人不由得产生疑问：她是从哪儿冒出来的？其品牌是如何获得成功的？

papi酱出生于1987年，中央戏剧学院导演系本科以及研究生毕业。papi酱在成为网红之前，就非常喜欢录制恶搞吐槽视频。2015年7月，papi酱将自己录制的各种恶搞吐槽视频发布在微博上；2015年8月，papi酱开始录制一系列的秒拍视频发布在微博上，语言包括东北话、上海话、台湾腔等；2015年10月，papi酱开始尝试短视频原创内容，将自己录制的视频素材通过变声加速处理发布在微博上，从此人气一路飙涨，在不到两个月的时间里迅速累积起上百万粉丝。

2016年初，papi酱的微博粉丝量迅速突破400万，截至2017年7月，其微博粉丝量已经超过2362万，同时有百万以上二次元粉丝在B站关注着她。在微信公众号上，papi酱的每一次内容更新都突破10万+的点击率，在2016年网红排行榜上，排名第一。这就是有着"年轻版的苏菲·玛索"之称的papi酱的惊艳出场方式。

虽然papi酱只是众多网红中的一个，但是如果把她单纯看做一个网红现象来看，那就太局限了。papi酱的短视频具有鲜明的个人品牌价值，这与内容生产者的不可复制性是一致的。而且papi酱依靠录制短视频创业正是内容创业的形式之一，适应了时代的发展需求。

视频内容是自媒体的绝杀技，仅依靠图文已经很难满足粉丝的需求。与长视频拍摄成本高、技术要求高不同，短视频的拍摄成本很低，一个人就可以独立完成，不需要依赖团队。

而且，papi酱所讲的内容幽默、搞笑，给观众带来了很多欢笑。深入地说就是papi酱通过幽默、搞笑的内容展现了一种积极的生活方式，非常具有感染力。随着互联网时代的到来，人与人面对面沟通的机会越来越少，"无效社交"已经成为人与人交往最大的难题。而papi酱利用互联网的传播精神，创造了病毒式传播效应。

papi酱在最初决定做短视频的时候就已经确立了多媒体平台分发的策略，腾讯、优酷、爱奇艺、秒拍、美拍、小咖秀、A站、B站等各个平台全部覆盖，并且多渠道的内容分发最后都会回到微博与微信。《告诉你个秘密，<罗辑思维>是怎样做到一年一个亿的营业收入》中提到："2016年，今日头条、微博等几大内容平台将在未来一年之内对内容创业提供多维度的扶持，多平台发展是未来内容创业的必走之路。"papi酱使用的平台有哪些，如图9-3所示。

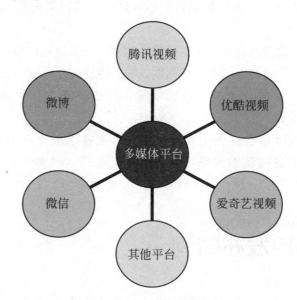

图9-3　papi酱使用的平台

无论papi酱在哪个视频平台上发布视频，都会带上其微信公众号和微博账号。另外，papi酱在每个平台的个人介绍也都会把微信和微博的信息留下，通过多视频平台内容分发向微信公众号和微博导流。那么，在多媒体平台分发策略中，自媒体人应当如何选择平台呢？如图9-4所示。

（1）微信。微信公众号是自媒体人宣传自己的必选平台。微信本身自带的巨大流量特征可以为自媒体人导入巨大流量。

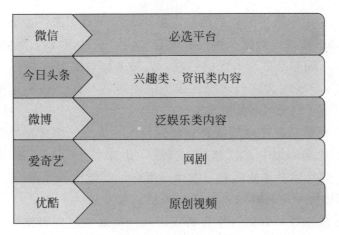

图9-4 选择平台方法

（2）今日头条。今日头条适合推送兴趣类、资讯类内容，主要是图文＋短视频的形式。

（3）微博。微博适合推送泛娱乐类的内容，一般是短视频＋图文的形式。

（4）爱奇艺。爱奇艺适合推送网剧，擅长孵化IP，一般是长视频的形式。

（5）优酷。优酷适合推送原创视频。优酷一直主打原创，包括音乐、游戏和搞笑视频等。

无论是自媒体内容，还是企业文案，两者在本质上并无差别。两者都是内容，渠道同是微信微博等平台。因此，多媒体平台分发对两者都是适用的。

9.3 确定发布时间

根据数据统计，早晨七点到八点、中午十二点左右、下午六点以及晚上十点左右是文案发布的最佳时间段。然而，有观点认为文案发布应当避开高峰期，降低竞争压力。到底应该选择什么时间推送文案呢？下面，大家一起分析最佳发布时间。

9.3.1 时间固定，让用户养成依赖

关于"文案在一天的什么时间发布最好"这一问题一直有争论。有人

认为早上8点和下午6点左右最好，因为是上下班高峰，大家可以在公交或地铁上利用碎片化时间阅读。还有人认为中午12点左右最好，因为这是中午吃饭时间，大家都有空看手机。还有人认为是晚上8:00～10:00推送最好，因为晚上的时间相对空闲，大家有更多的时间看微博、微信。

大家的说法各有各的道理，但也不是完全正确。因为当大家都认为某个时间最合适文案发布的时候，各企业都会在那个时间发布文案，你的信息就容易被淹没，那该时间就可能不是一个文案发布的好时机了。

既然大家说的都不够客观公正，下面我们就以广点通公众号广告的曝光量情况来研究一下文案最佳的发布时间。由于广告曝光量可以间接反映出文案访问量的情况，所以通过研究曝光量情况可以推测出用户阅读媒体平台上文案的行为习惯。下面，我们一起来看图9-5显示出来的24小时的广告曝光量。

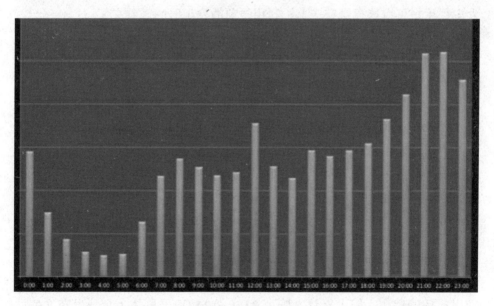

图9-5　广告曝光量

如图9-5所示，每个柱状图都代表一个时间段，比如图上的1:00代表从凌晨1:00到2:00这个时段。从整个统计图来看，主要有4个时间点比较重要：第一个时间点是凌晨4:00，是全天广告曝光量的最低点；第二个时间点是上午8:00，是上午时间段中广告曝光量的最高点；第三个时间点是中午12:00，是中午时间段中广告曝光量的最高点；第四个时间点是晚上22:00，是全天广告曝光量的最高点。

对统计图进行分析可知，1:00 ~ 5:00是全天广告曝光的低谷期，此时大部分用户都处于睡眠期间，所以文案的访问量非常低，进而影响广告的曝光量，其中曝光量最低的是在凌晨4点。

从6:00开始，广告的曝光量逐渐递增，直到8:00到达顶峰，此后逐渐递减，直到11:00。8:00 ~ 9:00点是上班高峰期，用户可以利用坐地铁、乘公交等空闲时间来阅读媒体平台上的文案。12:00是中午时间段中广告曝光的高峰期，用户可以利用中午午餐的时间，打开微信、微博等平台阅读文案。

12:00 ~ 15:00广告曝光量有所降低，这说明大家都吃完饭开始上班。16:00 ~ 22:00广告曝光量逐渐上升，到22:00达到全天曝光量的最高峰，其中21:00的广告曝光量与22:00的广告曝光量相接近，所以晚上9:00 ~ 11:00是理论上最佳文案发布时机。21:00 ~ 22:00这段时间内，大多数用户可以选择躺在床上，利用睡前的空闲时间来看文案。

19:00 ~ 23:00中任意一个时间段的广告曝光量都高于19:00之前的任意一个时间段的广告曝光量。在一定程度上可以看出，更多用户还是习惯选择在晚上阅读文案。那是不是企业都要晚上9:00 ~ 11:00发布文案呢？兵法有云："兵无常势，水无常形；运用之妙，存乎一心。"简单来说就是方法是死的，但是操作的人应当灵活运用，企业都应当根据自己的实际情况来决定究竟什么时候发布文案。

如果你的文案适合快速阅读，大多为小段子、小常识、笑话等"快消品"，那么你就可以考虑在早中晚合适的时间点发，有效利用用户碎片化时间，而且这些内容不需要集中精神去深度阅读，用户只要瞄一眼就好。但如果你的文案需要深度阅读，那么就应当在晚上9:00以后推送，因为夜深人静的时候最适合思考。

由于每个企业提供的产品和服务不同，所以还可以对用户进行调查，作出最佳的选择。综上所述，晚上9:00 ~ 11:00是总体上企业发布文案的最佳时间，但是考虑到各企业特色不同，可根据自己的实际情况进行有效调整，以便达到文案推广效果最大化。

9.3.2　山东荣成房产的文案发布时间

对于每周更新一次的公众号来说，运营者会选择在每周三推送文案。因为周三处于一周工作日的正中间，这个时候青黄不接，正是上班族最疲惫的时刻。为了缓解工作压力，他们在这时候会浏览并分享一些东西。因此，有经验的运营者会选择将文案发布时间集中在每周三晚上 9:00 ~ 11:00，这时发布的文案能够获得最高的曝光率。

山东荣成房产曾经在其官方微信公众号上推送一篇文案"在荣成买房刍议"，由于其目的是让用户进行深度阅读，于是选择在周三晚上 10:00 推送。文案以一个普通人的视角，讲述了在荣成买房的原因，并把握了以情动人、以利诱人的写作原则。比如，其中一个原因是："前半生苦拼，不想后半生累死在赚钱的路上。一直都在寻找一块有山有水属于自己的心灵家园，让疲惫的心得以栖息，把世俗放下，找了半生，终于找到了。"

文案在最后展示了在荣成买房后的闲适生活："所以，我决定在荣成买房，给自己一个健康舒心愉悦的身心，无理由享受人生。现在，每天都晨练海边、漫步海边、学学游泳、骑骑单车、背上背包同伙伴们爬爬山、旅旅游、拍拍照摄摄影……所以，欢迎天南地北的朋友们到荣成小城来做客！"荣成房产选择了最适合自己的时间发布文案，顺利地凭借这篇文案吸粉 1 万多，还因此成为"快乐城市"的典型代表。

某些公众号运营者看中发布文案的速度，文案策划人员撰稿完成之后立刻就发出去。其实，这并不是最明智的做法，运营者应该选择最佳的文案发布时间，达到事半功倍的推广效果。

9.4　确定发布后流量引入平台

引流是文案推广的目的之一。对企业来说，确定文案发布后流量引入平台是开始文案推广之前需要确定的事情。APP、网店、微信公众号、官微等是比较常见的流量引入平台，企业可以根据自己的产品和服务选择适合自己的平台。

9.4.1　APP、网店、微信公众号、官微等

文案推广适合企业推广自己的 APP、网店、微信公众号、官微等。如果发布的文案点击量过万，那么企业引入的流量可能就有上千。这种推广方法的关键是文案的质量高低以及文案发布的平台是否对路。关于文案的

创作以及文案发布的平台我们已经讲过，这里只强调三个要点。

第一，以"软"代"硬"。引流文案应当使用软文写法，适当的曝光品牌名字。软文是一种隐性广告，其本质在于产品的营销和品牌的推广。不过软文推广属于隐蔽式的广告，与硬性广告相比，软文是一篇具有原创性质的文案，而广告只是植入到内容里，所以用户能够被不知不觉地带入营销的圈子中。软文推广能够有效集中用户注意力，让用户对品牌产生深刻印象。

第二，有机会就推广。需要用品牌举例时，加上自己的品牌；需要用文案举例时，列出企业以前发布的文案标题；需要以人说事时，把企业创始人的名字放上。通过文案引流的重要原则就是有机会就推广。作为一名文案工作者，一定要时刻牢记着推广二字，只要有机会就推一下自己的品牌。

第三，放置微信微博名称、二维码或购买链接。如果要把流量引入APP，那么可以在文案中放置二维码，用户扫一扫就能下载。如果要把流量引入网店，那么可以直接在文案中放置购买链接。如果要把流量引入微博，那么一定要在文案中提到微博名称。如果要把流量引入微信公众号，那么可以在文案中放置微信二维码或微信公众号名称。

我们做文案推广的目的就是为了引流，如果连引流方式都没有，就没有办法让用户来关注我们。因此，我们可以结合文案内容用经验分享的方式推广流量引入平台。

利用文案引流的方式简单明了，就是通过将一篇高质量的文案或者一系列专题投放到各大媒体平台发布，再加上执行力强的运营团队，就可以达到非常好的引流效果。

9.4.2 一夜实现从0～1000粉丝

下面，我们一起看一个将微博作为发布平台，将微信作为流量引入平台，一夜实现从0～1000粉丝的例子。下面一起看文案推广过程。

第一步，寻找"公益捐书发起人"。

确定此次推广的主题为公益捐书，并在上午8:00发出寻找"公益捐书发起人"的活动，并让朋友帮忙转发活动链接。

经过1天的推广，有大概50个用户进行设置好的微信捐书群。公益活动是一个非常能引人关注的事情，之后所有的互动交流都以此展开。在寻找"公益捐书发起人"的活动时，满足了用户的参与感。很快从中挑出6位意愿强烈者，成为了此次活动的发起人。

第二步，寻找"公益捐书大使"。

发起人确定后，由6位发起人在各自的微博上，推出寻找"公益捐书大使"活动。此活动规定：凡捐书5本给希望小学，就有机会成为公益捐书大使。

很快，捐书人群突破200人，获得捐赠图书近2000册。从中挑选出20名作为公益捐书大使。

第三步，全员推送。

自此，由公益捐书发起人、公益捐书大使、捐书者组成的信息推送团队形成。通过此次活动共为希望小学捐赠图书达8200册，获得微博粉丝超过一千人。

通过以上案例的分析，有价值、有深度的活动更容易吸引大家的参与。只有做到有趣，才能获得较高的参与度。

第⑩章
微信朋友圈、公众号文案

个人的微信朋友圈是一个很好的文案发布平台。随着微信公众号的火爆，很多企业也开通了自家的微信公众号。微信公众号不用预算、不用买时段、买版面，可以说是一个免费的文案发布平台。除此之外，如何利用好朋友圈和公众号发布文案就要看各家的本事了。

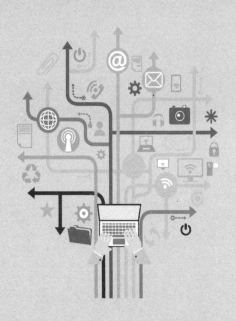

10.1 朋友圈

微信圈可以说是一个熟人圈子，大家对你的文案感兴趣与否取决于文案内容的真实性。举例来说，摆一堆东西在那，然后做产品介绍根本没什么说服力。但如果你发了一张你正在使用的面膜，然后有自己使用面膜前后的皮肤对比。当一个前公司同事通过这个文案发现你的皮肤有了很大的改观，她一定会感兴趣，然后向你询问产品信息、你的使用感受等。

10.1.1 自发式朋友圈

微信为什么那么火？是因为社交通信工具能完美地契合移动互联网的特征。微信不仅可以聊天，还可以购物、游戏等。微信可以实现很多以前没有的功能。其中，微信朋友圈就是一个很好的交流平台。

王莉在巴黎欧莱雅的官方微信上购买了新推出的欧莱雅小美盒，收到宝贝，她就立刻在朋友圈晒出来了，引来大家纷纷围观，没几天同事们桌子上就多了5个小美盒。

微信朋友圈的力量是很大的。一条消息发布，所有的小伙伴都能看到信息，大家共享资料，发表意见。如果好的产品通过朋友圈发布，势必会引发围观，获得不错的宣传推广效果。比如，美丽说的用户可以将自己在美丽说中的内容分享到微信中，可以使一件美丽说的商品得到不断的传播，进而实现口碑营销。微信朋友圈的天然特性非常适合品牌传播，理由有三个。

（1）点对点精准营销。微信拥有广大的用户群，使用微信营销便于商家和消费者交流沟通，便于商家实现点对点精准营销。比如眼镜店微信销售，客户只要把手机号等信息输入，注册成为会员，在朋友圈分享购物体验，就可以在微信上获得商家提供的优惠。这样的营销手段十分省钱、省时和省力。

（2）形式灵活多样。微信朋友圈可以分享产品，商家可以在朋友圈发图片、发介绍、发语音来推广宣传宝贝，朋友圈的好友可以发表评论。这就便于商家推销自己的产品。还可以在群里发布购物心得。这样，就会吸引好友了解商品，前去购物。

（3）强关系的机遇。朋友圈这种熟悉的关系便于建立起一种营销信任，陌生的人向你推荐产品，你一定很不信任她，不愿意购买，但是如果是你的朋友向你推荐，你一定觉得信任她，愿意购买，至少是试一试。所以，微信朋友圈在不知不觉中建立了一种信任和被信任的关系。这样，就便于把产品销售出去。

"朋友送我的酒，可是我又不喝酒，但是又不知道送哪个粉丝好。所以，我们来个拍卖吧，一元起拍，加价随意，今晚十二点截止，明早我来看结果然后公布结果！"如图10-1所示。

图10-1　竞拍互动模式插图

这是一个红酒商家发送的一则朋友圈消息。其实，做这个互动，该商家并非为了将产品销售出去，而是为了检验粉丝们的互动激情，以及对产品的认可度和市场情况。商家偶尔可以试试这种模式，效果一定会比直接在朋友圈发广告要好。一方面，商家可以通过这种方式看到大家的互动性，另一方面，也可以看到大家对该产品的兴趣度，另外，这也间接表明了大家对自己的一个评价。

这种互动模式应当注意三个问题。首先，当大家出价留言的时候，商家要每隔一段时间公布一下最高出价，以便让想要出价的人了解当前出价，方便他们进一步出价。其次，商家要将当前最高出价的留言，包括其他人的出价，截图公布给大家看，以便证实自己没有说谎。最后，一旦截止时间到了就必须公布最终结果。

这种方式的互动性比猜谜游戏类消息的互动性还高。但是这种方式的互动过程中有一个很现实的问题是大家对于涉及钱的东西表现都很谨慎，即使涉及的金额并不多。有些人甚至留言说："这个出价是你自己出的吧！""这个酒不值钱，送我都不要！""还是送我吧，反正没多少钱"。

发送这种留言的用户有可能曾经向商家咨询过产品相关问题，而商家也都对其进行了一一解答。换句话说，本应该对商家比较信任，能够很好地进行相处互动的粉丝，却一点都不信任他，只把商家当成了一个免费的问题解决师。在问题解决之前，这些人可以对商家百般讨好，一旦问题解决了，就与商家划清了界限。

通过这样的竞拍互动，商家完全可以看出，哪些是真正的粉丝，哪些不是。如果该商家从这次互动中，发现了很多忠实粉丝，对自己表示了信任，还有很多懂酒的朋友，也就间接证明了此品牌红酒市场的前景不错，接下来，就可以着手准备上货了。

最终，该红酒竞拍以60元结束。但是，当该商家在公布结果的时候，又公布了让大家意外的消息。该商家邀请中标的朋友私聊联系，再送其一瓶更好的葡萄酒。这样一来，既给之前留言表示不信任的用户一个还击，又提升了该商家在朋友圈的地位与品牌。

上面红酒商家的朋友圈属于自发式朋友圈，即自己创作朋友圈文案。对于自发式朋友圈来说，文案需要自己创作，下面是自己创作朋友圈文案的方法与技巧，如图10-2所示。

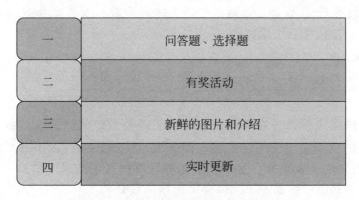

图10-2 自己创作朋友圈文案的方法与技巧

1. 问答题、选择题

无论是猜谜语、小测试、小调查，还是买衣服纠结要哪一种颜色都可以发到朋友圈，这种征求大家意见或者考验大家的智商的文案互动性非常强，很容易吸引朋友圈中的好友参加。商家平时可以多收集这类优质的内容源，然后用自己的语言表述出来即可。在互动的过程中要重视互动，及时回复别人的留言。

2. 有奖活动

集赞、评论送礼品、有奖问答的方式都会增强朋友圈文案的诱惑力和吸引力，当然前提是奖品能够吸引人，参与互动方式简单。比如，就发布的朋友圈文案点赞评论即可领10元优惠券。

3. 新鲜的图片和介绍

新鲜的图片和介绍有助于大家了解你的最新产品，好友可以评论和点赞，来说说自己对产品的感受。比如，刘晓就在自己的朋友圈经常发布她卖的化妆品的图片和简介，好友每次都可以轻松看到，不知不觉开始慢慢关注她的产品。

4. 实时更新

因为朋友圈的特性，所以要时常发布和更新文案。在微信朋友圈平台需要实时更新自己的文案，添加好的图片来展示产品的特性。比如，发布最新的产品和介绍，发布新的优惠活动，发布团购和赠品等信息。

最后提醒大家，朋友圈文案要尽可能简短，保持在100字以内，让人一目了然，看了就知道说什么。虽然微信朋友圈没有限制字数，但是超过140个字就会显示不全，需要点击进去才能查看全文。如果是主打口号或者是标语，最好是十个字以内。

10.1.2 转发式朋友圈

互联网最大的魅力在于为人们提供了海量、即时的信息，是转发式朋友圈依存的空间。对于转发式朋友圈来说，你需要关注以下三类渠道：微博、微信、QQ、人人网、知乎、豆瓣等社交媒体；网易、新浪、搜狐、腾讯等新闻客户端；竞争对手的微博、微信、网站等。

微信朋友圈曾经有"晒出你相册中的第21张照片"这样一个非常火爆

的游戏，好友纷纷晒照片，转发评论好不热闹。为什么晒的照片是第21张呢？19张、20张不可以吗？众多网友都对此产生疑问，于是纷纷参与游戏，等待答案的揭晓。或许，正是这种内容的驱动力使得众多网友纷纷加入转发宣传的大军。

从微信朋友圈这样一个真实亲密的空间中走红的游戏，看似是掀不起风浪的小事件。紧接着，事件不断发酵，晒第21张照片的游戏传染到了微博、bbs、贴吧等社会化媒体中。网友在疑惑中跟风娱乐，大晒照片。

在游戏传播的过程中，"第21张照片"的故事流传出来。据说，一个名为莫里斯·泰勒（Maurice Taylor）的美国拆弹专家在阿富汗战争中失去了四肢，然而他的女友丹尼尔始终对他不离不弃，并用21张照片呈现了他们的爱情故事。

这样一个充满正能量的爱情故事在社会化媒体中广泛传播开来，势不可挡。各大媒体纷纷加入事件的报道中来。网友们原来的疑惑瞬间瓦解，并继续对事件进行自发传播。强大的正能量吸引了越来越多的网友参与，晒出第21张照片成为向英雄致敬延续他们的爱情故事的最好表现。

如今，广大的互联网用户成为企业营销的重要资源，而"第21张照片"则充分利用了这种资源。"第21张照片"从悄无声息的传播到最后众人皆知，其中内容的吸引力是关键。"第21张照片"的故事内容没有任何商业信息，没有植入广告，很多网友都没有将其当做商业营销活动来看。

相关渠道的某些内容如果符合自身朋友圈的定位，就可以进行转发。转发的优质内容在一定程度上缩短了用户获取优质信息的流程，也能受到一些用户的喜爱。

新闻客户端、社交媒体是优质内容的聚集地，商家应当时刻保持关注，一旦发现优质内容立即收藏。需要注意的是，在转发时，一定要注明转载来源，尊重他人的版权。

竞争对手与自身的定位相似，可以直接获取精准内容。如果你关注了50个竞争对手的微信，就会有50个老师教你怎样做好朋友圈的内容，而你要做的就是超过所有的人。对手是最好的老师，你可以从收到的消息推送里，找到适合自己朋友圈的内容进行转发。依靠竞争对手获取素材，需要在对手选择上做好把控。

一般情况下，我们只需要关注与自身定位最相似的几个对手，因为对手太多，逐个点击查看会非常耗时。因此，商家在查找、筛选转发内容之前，应当对可持续关注的对手进行整理、更新，保证转发文案的质量。

10.2 公众号

截至2017年10月,微信公众号数量已经突破2000万规模,超过20%的在华企业开通了微信公众号,而且这个数字还在快速增加。在未来,微信公众号有可能成为一家企业的标配。在这种情况下,微信公众号成为文案推广的重要平台之一。而且,随着公众号数量越来越多,用户对于内容的选择会更加挑剔,所以每个公众号必须有清晰明确的定位,提供具有独特价值的内容,这样才能吸引和留住用户。

10.2.1 自发式公众号

用公众号来做品牌宣传已成为众多企业的选择。作为企业品牌宣传大旗,公众号运营的好与坏与企业的经营状况息息相关。如何在运营好企业微信公众号的同时,打造良好的品牌形象?内容如图10-3所示。

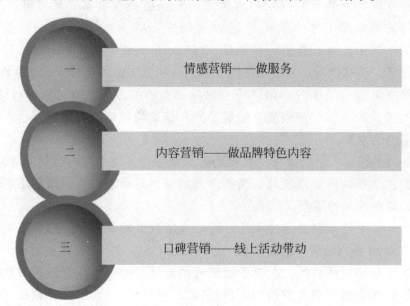

图10-3 做好微信公众号品牌营销模式的方法

1.情感营销——做服务

所谓"情感营销"是指为用户提供优质的服务,获得用户的信赖,然后通过与用户互动建立朋友一样的关系，最终达到"提出问题——解决问题"的良性循环，从而由服务带动盈利。也就是说，要想把微信公众号真正运营好，最重要的就是做好服务。良好的用户服务是打造朋友一样的用户关系的必要途径。这种营销方式有利于品牌传播和商业价值走得更加长远。

2. 内容营销——做品牌特色内容

市场调查公司Smart Insights关于数字营销工具的调查结果显示，将近30%的受访者认为他们会把内容当成头号数字营销工具。有趣的是，大数据、营销自动化以及移动营销都在内容营销之后。由此可见，内容营销已经成为当下的流行趋势，得到企业与用户的共同关注。

如果你的官方微信公众号每天都发送一些重复的促销信息以及从各大网站粘贴复制过来的信息，那么用户很可能会觉得无趣而取消关注。不断发展的科学技术在一定程度上导致了内容同质化问题越加严重，如果企业想要做好品牌宣传，就应当建立起自己的内容特色。而这些吸引用户的内容，需要企业下功夫去创作。

3. 口碑营销——线上活动带动

几乎所有企业运营微信公众号都会使用线上活动这一营销利器。幸运大转盘、抽奖、刮刮卡以及砸金蛋等有奖活动都有助于提高用户参与积极性。无论奖品大小，用户都可以通过这种活动形式感受到被重视，得奖的用户还会有成为"幸运儿"的满足感。另外，群发功能以及朋友圈的分享奖励机制还可以有效提高图文阅读量，通过朋友圈的社交关系一传十，十传百，有效带动口碑营销。

对大公司来说，微信公众号可以成为他们宣传品牌的一个窗口，制造舆论的一个通道。他们将微信公众号与企业挂钩，使其成为一个品牌宣传触点，麦当劳就是这样一个大公司。

麦当劳于1990年入驻中国大陆，截至2015年已经满25周年。在具有纪念意义的25周年里，麦当劳在各个平台上都做足了营销功夫，在微信公众号上的推广营销更是一波接一波，都取得了非常好的成绩。

麦当劳非常善于借势营销，这一特点在微信公众号上体现得淋漓尽致。比如，麦当劳经常与当下热门电影、热门节日合作，无论是2015年年末圣诞节做的"玩转姜饼人，圣诞新吃法"营销活动，还是携手热映电影《史努比：花生大电影》推出的"黑白配"新品系列营销活动，其借势营销都取得了显著效果。

除此之外,麦当劳在微信公众号上发起的营销活动还经常使用"谐音"玩法。比如2016年初的"好事会花生——花生甜筒"就是使用谐音来宣传推广新品。还有一点麦当劳做得非常好,其微信公众号运营团队擅长使用GIF动图和鲜艳大胆的色彩来宣传新品和活动,这种设计风格非常诱人,比如麦辣鸡腿堡的动图宣传。麦当劳在2015年里成功利用微信公众号的品牌营销模式做了大量新奇活泼的活动,吸引了无数年轻人参与其中。

在移动电商时代,以微信为代表的社交平台最显著的特征就是具有较强的社交属性和媒体属性。就是说,企业应当重视通过有价值的内容来吸引和黏住粉丝。那么,如何做出优质的公众号文案呢?答案如图10-4所示。

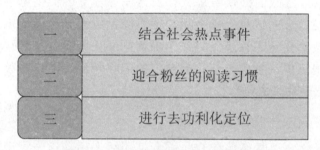

图10-4 做出优质公众号文案的方法

第一,结合社会热点事件。结合社会热点事件的内容具有天生吸引粉丝注意力的优势。对企业而言,结合社会热点事件的文案可以有效吸引粉丝阅读。

比如,2016年6月7号、8号是一年一度的高考大日子,而9号又是中国人的传统节日端午节。知名股市博主王宁(跑赢大盘的王者)在其公众号上推送文案《收评:猴年马月的端午节后股市该大涨》,将端午节这一热点事件与股市结合,吸引了众多粉丝关注;央视新闻也在其官方微信公众号上推送《今年高考作文题大全!你觉得哪篇难写?》文案将高考热门内容作为文案标题;读者文摘官方微信公众号推送的《孩子,考好考坏,妈妈都等你回家吃饭!》文案也是高考热点内容。

第二,迎合粉丝的阅读习惯。在互联网时代,人们具有时间碎片化的特征,大家都希望利用碎片化时间来阅读。而且,随着生活节奏的加快,人们的生活压力越来越大,亟待释放。在这种背景下,企业利用公众号推送文案时需要针对粉丝的具体情况投其所好。姜汝祥博士说过:"在移动互联网时代，对客户的细分是对消费者起码的尊敬。"

"美丽说"就非常善于根据粉丝人群特质投其所好。比如，"美丽说"的粉丝人群主要为女性，她们喜欢逛街、逛淘宝买衣服。但是大部分女性粉丝都缺乏服饰搭配知识，她们可能有几个衣柜的衣服，每一件都特别漂亮时尚，但是一旦自己搭配着穿在身上就显得非常普通。

"美丽说"的微信公众号针对这种情况，常常为粉丝们提供服饰搭配的解决方案。同时，"美丽说"还在解决方案中融入自己要推广的产品，让粉丝们一边看解决方案，一边购买衣服，成功地黏住粉丝。

第三，进行去功利化定位。很多企业通过线下活动获得粉丝数量后就想要直接进行变现，显得有些急功近利。公众号平台不仅具有品牌宣传的作用、发布新品的功能，还是帮助粉丝了解企业文化、信息、营销政策等的平台。在信息过剩的时代，如果企业赤裸裸地推广产品和促销信息，有很大可能会事与愿违。美国计算机科学家尼古拉斯·尼葛洛庞帝（Nicholas Negroponte）曾经说过："信息过剩等于没有信息。"

企业应该换位思考，站在粉丝的立场考虑他们需要的内容是什么样的，让品牌潜移默化地感染他们。比如说，你的品牌受众是互联网技术研究工作者，那么鸡汤文对他们来说就丝毫不起作用。如果你无视粉丝的需求，单方面推送自己认为好的内容，那么你之前辛辛苦苦积累起来的粉丝就会因为内容不好而逐渐减少。

法国护肤品牌美林的受众主要为年轻白领，购买力强，平均月收入约4500元，大多数为中层管理人士和专业人士。明确了产品的目标受众之后，美林公司在官方微信公众号推送了一篇文案。文案以科学技术进步为护肤美容带来里程碑式的飞跃开篇。"年龄是女人永远不会提及的秘密。而在漫漫护肤历史中，最值得一提的，就是基因和干细胞这两大重要而具有划时代意义的科技。这两项技术，特别是在皮肤抗老化方面，更显得比传统抗老化产品来得有效和具有持续性"。

然后，文案详细为受众讲述干细胞如何抗皱护肤，介绍了干细胞对皮肤健康的重要性后，文案进入正题："美容界干细胞领域研究先驱美林，早在20世纪，就开始致力于干细胞的研究。美林公司美妍中心发现了干细胞的杰出功效，能够显著再生肌肤，修复皱纹，这项科研发现的重要性，等同于20世纪发现DNA。"文末推出了美林夜间修复系统，并介绍了其显著功能。

在护肤品行业，女性为主要受众，公众号应当关注吸引女性受众的内容。无论企业的盈利模式是什么，只要文案的内容定位和阅读量做好了，后期通过转化获得的收入都是很可观的。

10.2.2 互推式公众号

公众号通过互推增长粉丝是有效吸粉的方式之一。很多微信公众号的运营者都知道互推这种方式，但却不知道具体怎么执行。开始的时候，你需要找到一个与你的公众号内容相关的微信号，然后与对方联系，看看对方的粉丝情况如何。一般情况下，互推双方的公众号粉丝数应该差不多，这样合作的概率大。

对于运营者来说，寻找一个互推的公众号是关键，然后是具体的互推方式。下面一起看五种互推方式，希望可以帮到运营者。五种互推方式内容如图10-5所示。

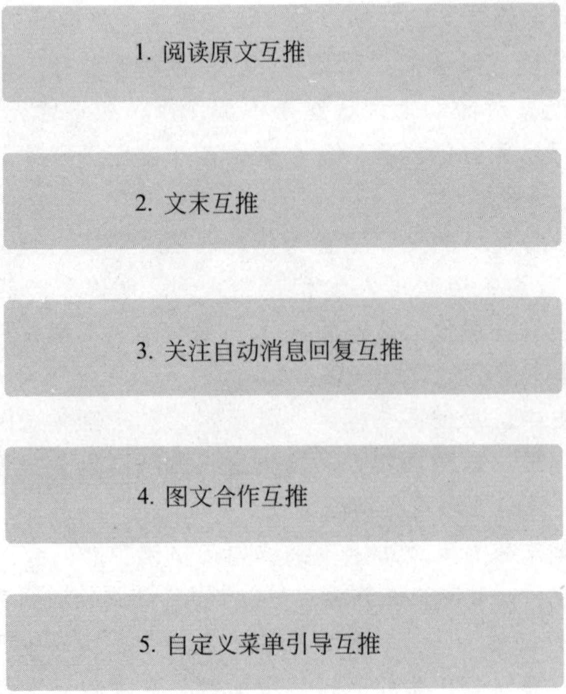

1. 阅读原文互推

2. 文末互推

3. 关注自动消息回复互推

4. 图文合作互推

5. 自定义菜单引导互推

图10-5 五种互推方式

1. 阅读原文互推

阅读原文互推是指文案策划人员在编辑素材时，把本来应该添加的原文链接换成互推对象的链接。由于这种互推方式只能够添加一个链接，所以大家可以共推一个链接，而这个链接上有大家的公众号可供选择。

我们看公众号文案的时候，经常可以在文案最后看到一个阅读原文的提醒。如果选择点击阅读原文，我们就会看到推荐关注的公众号。以粉丝的关注度来看，由于链接在文案最后不起眼的地方，所以很难注意到，这就导致点击率非常低。但是如果互推人数较多，其实也可以吸引可观的粉丝，尤其是组团互推。

2. 文末互推

文末互推是大部分公众号采用的互推方式，即在文案后面互相推荐彼此的公众号，粉丝看到这些推荐后，长按复制就可以对其进行关注。文末互推也是一种高效的互推方式，而且不会造成大量掉粉。运营者可以找几个长期合作的互推对象，数量控制在5个以内。综合来看，文末互推的方式操作简单效果好。

3. 关注自动消息回复互推

关注自动消息回复是指每当有新粉丝关注你的公众号时，公众号会自动发出一条消息给粉丝。对于公众号运营者来说，可以利用这一功能进行互推。但由于新粉丝没有什么黏性，而且也不了解你的内容，很容易因为操作不当而取消关注。因此，如果运营者的引导和话术表达能力不够强大，最好不要使用这种互推方式。

4. 图文合作互推

以图文方式直接互推的效果无需多说，因为直接呈现在在用户眼中，所以效果明显。但是粉丝对你的期待主要是优质内容，偶尔发一条广告或者互推影响不大，但如果长期推送，则会引起部分粉丝反感，从而取消关注。当然如果你的互推文案写得好，可以在一定程度上减轻掉粉问题。

《2016最新最好最值得关注的十大微信公众号排行吐血推荐》是今日头条官方微信公众号推送的一篇图文信息，文中推荐了10个微信公众号。今日头条使用的互推方式就是图文合作互推，由于其粉丝黏性高，因此不会出现明显的掉粉现象。

5. 自定义菜单引导互推

微信的订阅号和服务号都有自定义接口权限，开通后就会有自定义菜单。在自定义菜单上添加一个"关注或者联系我们"的页面，用户就可以点击到你的互推对象的公众号引导关注页面。这种互推方式的前提是你必须开通有微信自定义菜单。这是个不错的互推模式，尤其是对于老粉丝来说，很容易互推到对方的微信号上。

职场实用心理学公众号的运营者杨坤龙就非常擅长互推，其100万左右的粉丝数基本上是依靠互推获得的。杨坤龙在进行互推的时候，经常会取一个隐约透漏出这是一篇推荐公众号文案的标题名称，比如"月薪3000和月薪30 000的关注点有什么不同"，然后在文章里罗列出10个推荐的公众号；或者巧妙地利用12星座取巧，比如"12星座喜欢的东西有什么不一样"之类的名称，根据互推的12个公众号特性分别结合到12个星座的介绍里。

这类文案的好处在于就算是排名最后的一个公众号，粉丝们还是愿意去看。这种互推文案通常要花费比较长的时间和心思。

杨坤龙在互推的时候，还会为每个公众号编写推荐语。很多组织互推的公众号运营者都不愿意去做这一项工作，在排版和文案上也不下功夫，看起来很难看，更不要提吸引粉丝去关注了，所以文案的创新是很有必要的。而且由于参加互推的人越来越多，互推效果越来越被检验了，那些组织互推的合作者主要看的就是你推送出去的文案用不用心，有没有花心思对待他的资料，因此我们一定要重视互推的文案创新。

总体来说，微信公众号互推是一个不错的吸粉方式。但是任何事情都是两面性的，所以我们不仅要看到它的利处，还要看到它的弊端，并且把握好这个度，在互推的时候不要违背微信官方申明。那么，我们的粉丝就能够快速的增长起来了。

10.2.3 公众号图文结合方法

如果编辑图文消息时使用了大段的文字，那么用户浏览时需要不停的翻，浏览就非常费力。如果真的需要大量文字，运营者应当学会使用小段，并且尽可能地简练语言。想象一下，用户浏览公众号信息就像看路边的广告牌一样，如果是不符合用户浏览记忆特点的布局段落，用户转眼就会忘记。

　　一般情况下，用户除非是非常无聊才会花费大把时间慢慢浏览推送的文案信息。大多数用户几乎没有专门用来玩手机的时间，很多都是坐车、吃饭、上厕所、走路等碎片化时间。在这些时间里，用户看手机用的是浅层的注意力，这就要求我们推送的公众号文案具有层次感，易于用户吸收。最好的层次次序是大标题——中标题——小标题——图片——文字，如图10-6所示。如果没有从大到小的结构，内容全部堆在一起，用户查看的时候会不知从何处开始看起。

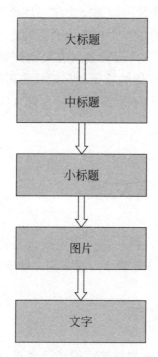

图10-6　公众号文案最好的层次次序

　　一些微信大号不使用任何第三方排版工具。但是大多数微信公众号还处于发展期，对发展期的公众号来说，使用第三方排版工具可以提升工作效率，并且有利于寻找适合自己的固定版式。下面，我们看三款排版工具。运营者可以相互套用，最终确定自己的风格。

　　1. 秀米

　　秀米是出现较早的排版工具，只有使用谷歌浏览器才能保持正常，不然随时会出现问题。对于排版初学者来说，这一工具的版块固定，比较好用，不足之处是自由发挥空间太小。

2. i排版

i排版是排版工具中的后起之秀，整体风格简洁清新，可以添加各种小符号，颜色选择也非常多样。i排版最大的优势为可直接调整整体页边距，一般情况下整体页边距为1。如果正文中有引用的段落或者其他特殊段落，也可以单独将其页边距设置为2，改变其字体大小，使得整体非常美观。

3. 135编辑器

135编辑器最大的优势是可以选择文字颜色色值，拥有基本图标等各种板式。然而，135编辑器的每一个模板的套用都非常复杂，很容易出现套用混乱的现象。在这种情况下，运营者只有复制到微信公众号后台预览时才会发现，而且不知道出现问题的原因，只能从头再来。

以上三种工具适合各种不同类型的公众号文案排版，除此之外，市场上还有很多排版工具。

10.3 其他微信文案

除了朋友圈、公众号，摇一摇、漂流瓶也是微信的重要功能，都可以作为文案推广平台。下面一起看摇一摇文案、漂流瓶文案怎么策划。

10.3.1 摇一摇文案

除了公众号以外，摇一摇是实现微信流量变现的另一重要功能。摇一摇可以搜索到附近的商户，基于与分众传媒的战略合作，用户只要在电梯口的分众广告电视前，可以通过摇一摇获取附近商户的大礼包。

商家开展摇一摇推广活动通常会结合抽奖形式。下面一起看摇一摇推广活动的一般流程。

第一步：用户扫描商家的二维码。

第二步：扫描之后关注微信公众号，发送摇一摇，会收到一条消息，点击填写自己的姓名和电话。

第三步：等待现场所有用户都已经加入游戏之后，主持人通过控制按钮开始活动。

第四步：根据大家摇奖快慢，大屏幕上面会实时显示进度条，当第一个人达到设定的分值，本场活动摇奖结束，进入颁奖环节。

第五步：经核对后，由后勤人员颁发奖品。

摇一摇推广活动要求有一个微信公众号，现场有电脑一台（笔记本最佳，便于移动携带）、大屏幕（LED大屏幕、大型液晶显示器、投影仪均可）、公众号的二维码（可以从公众号后台下载，边长为15cm，扫描距离为1m）、现场主持人一名、后勤人员若干名。

摇一摇推广活动与个人微信相结合，是一种新颖独到的现场互动游戏，参与者只需要有微信即可。而且，所有用户同时参加活动，都有强烈的参与感，并且大屏幕实时显示分值和排名，活动结束后所有用户都可以查询排名。

微信摇一摇附近的商户、搜索附近的商户与分众这类线下O2O广告营销平台合作，无异于给商户们打开了一道新的流量入口。

10.3.2　漂流瓶文案

微信漂流瓶文案推广活动并不常见，但也有成功案例。招商银行就曾经通过微信漂流瓶文案策划推广活动获得了极好的宣传效果。下面给大家分享的是一个糖果品牌在情人节策划的漂流瓶文案策划推广活动。

这个糖果品牌要传递的核心情感价值是"我想遇见你的人生"，于是第一波发出了情感传递漂流瓶，文案是《写下你的城市和你暗恋的人》。最开始，文案策划人员只是简单地做了品牌广告植入，没有提及让大家关注微信公众号，只是想看这些漂流瓶能够走多远。

按照收到漂流瓶用户所反馈的内容，100个漂流瓶抵达了150多个城市，出现了800多个陌生名字，每一个名字的背后都是一个曲折的爱情故事。由于缺少一点勇气，这些故事中的男女主角都没有在一起，然而这些对于品牌营销来说却是一笔巨大的财富。

为了让这些故事继续，第二波12000只漂流瓶起航了，邀请第一波参与者继续参与。同时，主题为"7盒糖为爱加点勇7"的暗恋情书活动将落脚点定为微信公众号。50份糖果大礼包换来了500多份情书，4000多名公众号粉丝的近7万次曝光展示。

随后，该糖果品牌在公众号上发布了一个文案——《让勇7去见证你的甜蜜》，鼓励大家把情书分享到朋友圈中去。对参与者来说，就算表白失败了还可以拿参加活动当挡箭牌，而且还有糖吃，但是万一要成功了呢！在追加了50份糖果大礼包之后，粉丝几乎翻了一番，达到了7000多人。对品牌方来说，100份糖果大礼包+邮费换来3000多粉丝是一笔非常划算的生意。

总体来说，漂流瓶文案推广活动是一种广撒网的战术，需要更多的创意。

第11章
贴吧文案、文库文案、竞价文案

将百度作为根据地进行文案策划推广是一种性价比很高的引流方式。文案策划人员需要策划的文案包括贴吧文案、文库文案以及竞价文案。下面一起看这三种百度文案是如何进行推广的。

11.1 贴吧文案

百度贴吧是全球最大的中文社区,结合百度搜索引擎的一个在线平台。常年混迹于贴吧的用户应该知道,稍微活跃有点人气的贴吧往往都有十几万甚至上百万人关注。可以想象,如果做好贴吧文案推广引流,推广效果是非常好的。下面一起看百度文案推广技巧。

11.1.1 通过贴吧运营粉丝

百度副总裁陆复斌曾在百度世界大会上作了以《欢迎加入贴吧粉丝时代》为主题的全网粉丝势力报告,提出了"粉丝力"新概念。百度贴吧游戏业务是国内最大的游戏粉丝组织,其负责人阎研在现场分享了挖掘"粉丝力"的相关经验。

百度游戏类贴吧的粉丝数量与活跃度一直领先于其他各类贴吧,粉丝类别从游戏覆盖到了周边。每一位游戏爱好者都能在百度游戏类贴吧中找到自己的兴趣组织。贴吧粉丝的自组织性、不同粉丝组织之间的集群性,以及原创内容的互动性已经成为游戏粉丝组织发展的沃土。游戏类贴吧通过一步步繁衍,发展成了"最大的游戏粉丝组织"。

目前,百度游戏类贴吧的日活跃用户达到了1300万,陆富斌在论坛上提出的"粉丝力"在游戏类贴吧庞大的用户基础及良好的用户黏性上得到了更直观的体现。众所周知,在游戏行业中的用户都是兴趣性粉丝,粉丝的数量意味着流量和收益。

在全民皆粉的时代,贴吧用户不仅仅是贴吧的使用者,他们是因为兴趣一致、口味相同而聚合在一起的粉丝组织,粉丝与贴吧之间的黏合度非常强。许多游戏粉丝在玩一款游戏时,会通过贴吧分享自己的游戏心得、经验,指导自己所在的粉丝组织成员共同进步。这对于游戏运营商来说,形成了有效的二次传播。

游戏产业分为研发、发行和渠道三个环节。发行作为游戏产业中的连接环节,作用巨大。游戏发行方最重视的就是在广大的游戏用户中挖掘潜在的目标粉丝人群。游戏类贴吧的兴趣性粉丝组织标签可以帮助游戏发行方精准定位潜在游戏用户,从而进行深度运营,将"潜在粉丝"转化成游戏用户,然后成为游戏的忠实粉丝,最终形成游戏用户闭环。

用户在百度搜索某一款游戏时，相关游戏吧的入口位就会出现在显眼位置。这为游戏类贴吧带来了大量的新增流量。对于游戏IP产品，比如魔兽世界、海贼王、三国等题材，游戏类贴吧中的忠实游戏粉对相关IP产品有很高的接受度。而无IP的游戏产品也可以通过贴吧粉丝组织画像，包括用户关注的吧、经常逛的吧、有过发言的吧等13个维度精准定位到仙侠类题材粉丝、武侠题材粉丝等聚集最多的吧，增大游戏产品信息对潜在用户的覆盖率。

游戏类贴吧对游戏粉丝的深度运营非常到位，具有很大的优势。贴吧利用粉丝们的热情及忠诚度，结合良性竞争与用户关系，大大提升了粉丝们对游戏的热情，进而让粉丝们升级为游戏的真爱粉。贴吧中的游戏粉丝对自身兴趣的忠诚度非常高，不同的兴趣性粉丝组织还会进行对抗、竞争，粉丝组织排名、粉丝数量以及盖楼的高度会引发游戏粉丝们火爆的热情。

如今，百度贴吧将粉丝作为未来的着力点，提出了"粉丝力"概念。贴吧通过对游戏粉丝的深度运营将进一步激发游戏粉丝的热情。贴吧对粉丝的价值挖掘使得游戏厂商利用贴吧进行粉丝运营时更有信心。由于贴吧的粉丝组织形成了良好的互动氛围，并形成了以兴趣聚合为导向的粉丝组织文化，游戏类贴吧用户的商业价值将达到历史最高峰。

对于企业来说，维护粉丝对于营销推广具有重要意义。尤其是对于具有庞大的兴趣性粉丝数的企业来说，这些粉丝可以带来巨大的营销价值。百度贴吧通过粉丝的深度运营吸引着各大游戏开发、运营商与其合作，这些庞大的粉丝组织为贴吧创造了巨大效益。那么，企业如何利用贴吧维护好粉丝呢，见图11-1？

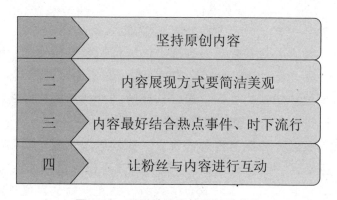

图11-1　利用贴吧维护粉丝的方法

1. 坚持原创内容

在高速发展的互联网时代，数据信息爆炸式增长。同质化的内容已经不能吸引粉丝们的注意力，即使文笔不好、内容浅显，原创内容依然能得到粉丝们的尊重与追捧。原创内容是有价值的，而从网上复制粘贴来的千篇一律的内容没什么价值。原创内容应当以粉丝们的口味为标准，这样就一定能加强粉丝的黏性。

要想做到内容原创，首先要多看一些优质内容，借鉴优质内容的创作方法。然后要多想，思考优质内容的来源以及写作过程中的优点与缺点；最后，要观察生活中的每一个细节，深刻地理解生活。优质内容的产生来自于先模仿、后创新，这样的内容就是原创，还有可能超越模仿者。

2. 内容展现方式要简洁美观

简洁美观的内容展现方式可以博取粉丝们的好感。内容定型以后，利用一些排版工具将内容排版处理，然后再传播给粉丝，可以通过美观度获取粉丝的注意力，有效地维护粉丝。

3. 内容最好结合热点事件、时下流行

将原创内容与人们讨论的话题结合在一起，很大程度上增大了内容的提及率。企业对新事物的把握能力决定了内容的新鲜度，比如在一个热点事件刚火起来的时候，企业立即对热点事件进行包装推出来一篇原创内容，能给粉丝高效率、走在潮流前沿的感觉。优质的内容不仅可以维护好粉丝，还会让粉丝自动参与推广传播。

4. 让粉丝与内容进行互动

一个有灵魂的运营者会在内容推出以后，加强与粉丝的互动。企业要重视粉丝的回复，及时解决粉丝反馈的问题，拉近企业与粉丝之间的距离。优质的内容是维护粉丝的基础，若企业能够结合用户的喜好偶尔举办一些活动，赠送一些小礼品，则能够带来更多新粉丝的关注。

企业可以多做一些探讨性的内容，让粉丝思考、讨论问题的答案，然后再将粉丝互动通过贴吧发布出去。这种方法不仅可以增加内容的可读性，也增大了粉丝的曝光度，让粉丝有成就感。站在粉丝的角度思考问题，紧抓住粉丝的兴趣，粉丝就会愿意与你共同成长。

11.1.2 贴吧文案推广流程

一般来说，贴吧文案推广都经过如下流程，如图11-2所示。

图11-2 贴吧文案推广流程

1. 选择贴吧

流量分为泛流量和精准流量，精准流量的转化率会远远高于泛流量的转化率。对于贴吧文案推广来说，贴吧的选择直接关系到吸引的是泛流量还是精准流量。所以，在做贴吧文案推广之前，一定要选择好贴吧。如果你是做手机的，那就找手机类的贴吧，如果你是做游戏的，就找游戏类的贴吧。

2. 发布内容

众所周知，越是有吸引力的内容，引流效果越好。那么，什么样的内容才会更加吸引人呢？文案策划人员可以观察一些热帖，看人家的内容是什么类型的，然后再思考编辑自己的内容，发表出去。

利益驱动对用户来说是极其有效的。文案策划人员可以从这一点出发，找一些资源回来，告诉用户只需要跟帖回复，就有免费资源赠送。这样一来，你的帖子很容易就会变成热帖。

3. 利用小号顶帖

在刚开始发的帖子还没有成为热帖的时候，需要自己申请多个小号进行自问自答，回复得越具体越详细越好。然后可以找更多的熟人帮自己顶帖，保持帖子的活跃度。之后可以让更多人来顶帖，保持帖子的活跃度。如果帖子的楼层又多又好，还会获得吧主对本帖加精，推荐。

需要注意的是，贴吧是一个严格的地方，最好不要轻易给出自己的联系方式、推广方式，否则容易被删帖。另外，可以把帖子分享到其他推广渠道，如朋友圈、微博等。帖子的分享数越多，证明本帖的实用性越好，获得推荐的机会也越多。

11.1.3 百度知道回答附网址链接

百度是中国网民使用量最大的搜索引擎，受到各企业品牌推广人员的青睐，而使用百度知道推广自然也就成了推广人员常用方法之一。然而，百度知道的审核非常严，尤其是对知道回答中添加的外链，许多添加的网址链接常常会被百度拦截。因此，如何在百度知道回答中附网址链接成为了一个难题。下面总结了一些在知道回答中附网址链接的四种方法，内容如图11-3所示。

图11-3 在知道回答中附网址链接的四种方法

（1）添加百度网址。回答百度知道中的用户提问时，要想在参考资料里放入网址链接，应当使用百度网址格式。比如，要把自己的博客地址链接放进回答里，那么格式可以是"hi.baidu.com/www.iemini.com"或者"baidu.com/www.iemini.com"，然后提交回答即可。注意，使用这种方法附网址链接应当控制在每天3条以下，如果大量使用，有可能会受到百度知道的惩罚。另外，本方法只能添加以www协议为开头的网址，而不能是"http://www.iemini.com"，其他二级域名开头（如bbs.iemini.com）的网址均无效。

（2）利用百度空间或百度搜藏。如果使用百度空间，需要先把链接放在百度空间的文章中，然后利用这篇文章的网址提交到知道回答中去；如果使用百度搜藏，需要先把链接地址收藏到百度搜藏中，并且使用一个相对好的名称，提交知道回答时，可以把百度搜藏提交。

（3）利用百度搜索结果网址。在知道回答中附外链时可以采用劫持百度搜索的方法。比如，要发一个论坛链接，去百度搜索下，排名第一，然后把百度搜索结果的链接当成答案填入百度知道回答。这种方法的前提是论坛搜索排名第一或关键词在第一，引流效果相对来说较差。

（4）申请百度知道专家。申请百度知道专家后可以在百度知道上设有自己专门的个人展示页面。该页面显示专家提供的单位logo、取得的成就、资深的从业经历、权威专业的回答等。单位logo部分可以直接点击链接到自己单位的网站。

11.2 文库文案

由于百度文库是百度自己的产品，所以受到百度搜索引擎的偏爱，在搜索引擎排名结果中非常靠前。在这种情况下，文库文案推广成为一种热门的推广方式。如何在文库文案推广竞争中脱颖而出，避免在众多推广文案中石沉"库海"，成为一门值得研究的学问，下面一起看文库文案推广技巧。

11.2.1 如何做文库内容

文库文案包括三种类型，文案策划人员可以了解一下，然后上传自己的文库文案。

第一种文库文案是在百度搜索内容的基础上进行简单修改。学习别人成熟的文案作品。

第二种文库文案是自己原创的文章。自己原创的文案尽量做到图文并茂，至少5页以上。第一次上传文档尽量不要添加公司的电话或者网站，以保证通过百度文库的审核。

第三种文库文案是在已经上传通过的文案中添加公司水印、电话或是网址，重新上传。这样一般也是可以通过的，不过文案的标题需要换一个，扩大文案的宣传作用。需要注意的是，在添加公司水印、电话或是网址的时候，不要每张图片都加，偶然放上一两张图片就可以了。下面是在文案中展示公司信息的具体方法。

（1）给图片添加水印，水印不要太明显。

（2）文章页面汇总添加水印，即将内容写在带有水印的页面上。

（3）页眉页脚添加广告信息

（4）上传文库时，在填写文章介绍的时候留下公司信息。

上传的文档审核不通过是很多人都遇到过的问题，这是怎么回事呢？一般来说，文档内容审核不通过原因有两个：一是文档内容质量低，二是文章中含有大量广告。

文档质量低的原因一般是文章篇幅太少，如果事实是这样，可以通过继续增加文章内容来解决；对于含有大量广告无法通过审核的文章，文案策划人员应当找到自己添加的广告，删除或者进行调整。

通常来说，图片上添加的水印只要不是特别明显就不会影响审核。在页眉添加广告有可能造成审核不通过，如果存在这种情况，可以将页眉的广告移植到页脚，并且用新账号重新上传，便可解决。

文库中常见的文档格式有txt、doc、pdf、ppt等。ppt格式的内容审核通过率是最高的，对于修改多次但依然没有通过审核的文章内容可以将原内容做成ppt格式重新上传。

11.2.2 上传的文案最好是热门内容

文案借助热门事件可以有效提高阅读点击率。热门文案具体是指围绕热点事件、热门新闻或热门话题以评论、追踪观察、揭秘、观点整理、相关资料等方式结合自己要推广的品牌写成的文章。下面，我们一起看借助热门事件来创作文案的四种方法，如图11-4所示。

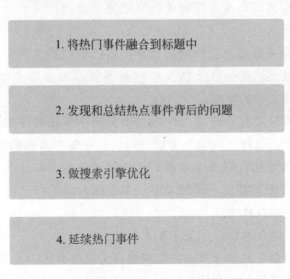

图11-4　借助热门事件来创作文案的四种方法

1. 将热门事件融合到标题中

标题是否吸引人，是否有让用户读下去的动力关系到文案推广效果好不好，能不能让大家疯狂的转载，所以写好文案标题至关重要。这里并不是让大家成为标题党，只要能将热门事件和标题很融洽地结合到一起，一般来说就是一个很有诱惑力的标题，既能让自己的品牌获得关注，同时又会让读者因为好奇心读下去。

比如在百度大更新事件受人关注的时候，站长网有《谈百度大更新：到底错杀了多少网站》《百度算法再更新官方澄清K站事件》等文章；"西红柿门：营销真假难辨，效益十分明显"文章标题中含有"西红柿门"这个热点事件。

2. 发现和总结热点事件背后的问题

撰写热门文案需要策划人员善于发现和总结热点事件背后的问题。因此，文案一定要展现文案策划人员的观点，观点鲜明的文案才有可能引起众多读者的关注。一篇具有鲜明观点的文案容易激起讨论和热议，甚至是争议，达到文案推广的目的。

3. 做搜索引擎优化

热门文案需要做搜索引擎优化，将热点事件与文案推广的关键词联系起来。通过合理的逻辑推理，文案应该让热点事件与产品品牌的关键词具有相当的联系。因此，在文章的开始或结尾，需要带上合理的产品品牌关键词，并加上合理的关键词锚文本，提升搜索引擎优化效果。

再拿西红柿门来说，一个女性公众号的运营者看到这个事件后写了《西红柿门，减肥不得不说的事》一文，用西红柿门这个热点事件引出西红柿减肥法，推出自己的产品，整篇文案流畅自然。而且，这一文案谈化了商业信息，将热门事件与产品巧妙联系，让用户记住了自己的产品，而又看不出宣传的痕迹，因此大获成功，用户阅读量非常高。

4. 延续热门事件

热门文案应该让热门事件产生延续性，这是让文案保持持久热度的关键。例如借助于美团与大众点评网的斗争与合并，撰写相关文案《新美大，鹰与狼的合谋》。不过，热门文案最好不要产生负面影响，或者牵涉进政治问题，更不能抛弃道德。

11.3 竞价文案

竞价文案是一种搜索引擎按照点击次数收费的推广方式,企业需要付出的成本相对较高,但获得的访问量也是很可观的。用户搜索相关关键词时,搜索引擎按照一定规则给搜索结果排名,而企业的文案则获得曝光。排名越靠前的竞价文案浏览量越高,如果文案写得好,转化率也会提高,从而给企业带来相当可观的利益。

11.3.1 设置文档长尾关键词

首先我们看什么是长尾。下面是长尾理论的模型,如图11-5所示。

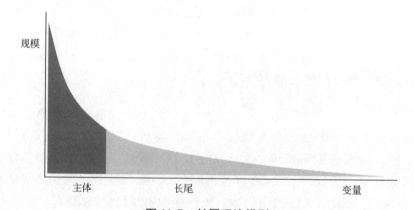

图11-5 长尾理论模型

长尾理论是指商业和文化的未来不在于少数创造高价值的主体,即深灰部分,而在于创造价值不高的大多数长尾,即浅灰部分。长尾理论是随着网络时代的兴起而逐渐被人们发现的,由美国《连线》杂志前主编克里斯·安德森(Anderson Chris)提出。

长尾关键词是长尾理论在关键词研究上的延伸,具有可延伸性、针对性强、范围广等特征。举例来说,目标关键词是服装,其长尾关键词可以是女士服装、秋装、户外运动装等。相比目标关键词,长尾关键词的搜索量非常少,并且不稳定,但是转化率却非常高,因为长尾关键词的目的性更强。

我们将文案推广的技巧总结为以下四点,如图11-6所示。

图11-6 进行文案推广的技巧

第一,确定长尾关键词。最好的长尾关键词是在百度上找不到的,包括词语、产品名、人名等。如果确定的长尾关键词是你创建出来,别人搜索的时候就只能找到你,这样才能达到较好的推广效果。

第二,创建多个长尾关键词。创建长尾关键词的目的是让受众在百度上通过长尾关键词找到你的信息,所以长尾关键词最好要多设几个。因为竞争对手一旦看到了你的文案,如果搜索引擎优化技术比你厉害,就会超过你。但是你设置的长尾关键词足够多,读者通过长尾关键词找到你的可能性就更大。

第三,标题与内容的设置。标题与内容的设置涉及文案后期的推广。

第四,不提广告,只提长尾关键词。文案里面不能提品牌名、地名以及人名等明显的广告信息,只提最初确定的那几个长尾关键词就够了,而且要很自然的提起。切记,不要在文案中给出自己的联系方式,应当通过长尾关键词给出联系方式。

长尾关键词确立,文案写好之后就可以发布到各大平台上,然后就等着百度搜索带来的流量就可以了。

11.3.2 关注转化率

文案推广习惯以点击数、浏览量等作为KPI(关键绩效指标)。KPI考核本身是没有问题的,但一些品牌运营者过度看重数据,KPI只考核点击数与浏览量,这就产生了问题。

举例来说,一些品牌运营者单纯追求文案点击数10万+。于是,大家苦苦写段子、写鸡汤、做标题党。尽管文案的曝光量随着点击数的增加不断提升，但是产品的销量却丝毫不见长，这种现象是很常见的。

单纯追求文案的点击数与浏览量对于企业盈利的促进并不稳定。因为很多用户或许愿意花时间浏览你的文案，但不会因此做出购买的决定。所以，企业真正需要关注的KPI应当是文案的转化率，毕竟数据转化为购买才是真实的效益。

怎样才能得到较高的转化率呢？在设计文案内容时，文案策划人员应当站在用户角度去思考，从而找出能够获得用户肯定的的广告内容，引导他们实现产品购买。不从用户需求出发设计出的营销内容基本上是无法获得用户认同的，结果就是用户扫一眼然后忘记。

可以说，不管目标用户的价值理念、需求，只顾着博人眼球设计出来的营销广告即便获得了非常高的曝光率也是没有意义的。因此，文案策划人员在策划文案时要重点考虑用户需求，设计出符合目标用户期待的广告。

关于品牌运营者如何避免走入KPI考核的误区，这里有一点建议，让真正懂业务的人设置考核标准。如果一家公司的KPI只考核点击数与浏览量，那么最大的可能就是设置考核标准的人不懂业务。比如，说"每三篇文案必须有一篇10万+"这种话的人通常是不懂业务的。

一般情况下，文案推广的转化效果如何，应当关注以下五个数据，如图11-7所示。

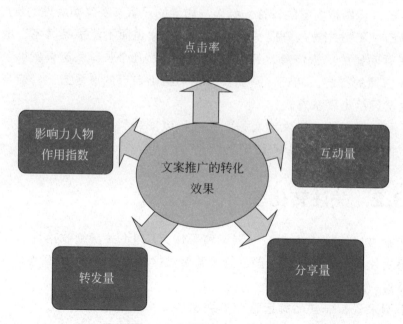

图11-7　文案推广的转化效果

1. 点击率

点击率是指用户点击那些包含企业营销信息的内容的次数。跟踪收集用户的点击率，通过和其他指标结合，我们会得知用户是否对文案的内容感兴趣，从而判断文案推广活动的效果好坏。

2. 互动量

互动量指的是潜在目标用户在社交网络上和企业互动的次数。互动量包括用户点赞的次数、评论的次数以及参与投票的次数等。企业在收集这个数据的时候，应该把该数据与点击率联合起来进行一个对比分析。这可以让企业知道潜在目标用户的活跃度情况。同样，企业还应该对不同属性、不同分类的用户的互动量进行细致的研究，看这之间有没有不同之处，这样会更有利于企业了解不同分类的用户平时都是怎么与企业互动的。

3. 分享量

分享量指的是潜在目标用户将文案分享到他们的社交网络上的次数。分享量与互动量类似，但是分享量更能够反映企业进行文案推广的当前状况。用户在微博上对企业的内容点赞，在微信上关注企业的公众号都是值得开心的事情，但如果企业的潜在用户把百度上搜索到的文案分享到微信朋友圈以及微博上则证明用户对文案内容的认可。

4. 转发量

通过转发量这一指标，企业可以直接看到自己进行文案推广的成果。对于大多数人来说，朋友、亲人的转发推荐比商家自己发布的广告更可信，也正是这一点使得网络社交媒体对于营销来说如此重要。总之，如果用户转发了企业的文案，他们转发的内容又获得了更多用户的关注，那么企业的文案推广就是有成效的。

5. 影响力人物作用指数

对于文案推广产生的众多数据，企业要从中挖掘重要信息，利用这些信息发现那些拥有广大影响力的用户。企业进行文案推广离不开这些拥有广大影响力的用户，他们分享转发的内容为企业带来了更多关注。因此，影响力人物作用指数也应当是考核企业微营销最终成效的一个指标。

企业进行文案推广的最终目的是吸引新用户，并且把这些用户逐渐培养为企业的忠实客户，因此在推广效果考核中关注转化率相关数据是必要的。

第12章 QQ群、QQ空间文案

见过不少依靠QQ群、QQ空间文案推广吸引粉丝，甚至获得盈利的个人或团队，他们不只是会玩QQ，还掌握了一套行之有效的方法，不管是引流还是销售都是适用的。下面一起看利用QQ群、QQ空间进行文案推广的方法。

12.1　QQ群文案

QQ群是大家都很熟悉的网络推广平台，使用得好，将会为企业带来特别好的效果。QQ群文案带来的大量流量有利于提升品牌知名度，为产品带来销量，创造可观的收入。只要投入足够的人力，执行得好，QQ群文案推广可以在最短的时间内达到最好的效果。

12.1.1　通过直播引流

在各大直播平台中，主播基本上都是依靠粉丝送小礼物来获取收入的。另外还有一些主播自己经营淘宝店铺，他们在直播过程往往会利用直播实现流量变现，这当中又以引入QQ群为基础方式。也就是说，主播们在直播过程中推广QQ群来实现引流目标，通过运作QQ群，让粉丝变为实际购买者。

杨琳是某直播的一名网络主播，同时也是一个淘宝店主。杨琳虽然不是知名一线主播，但对引流有自己的一套方法。刚开始做网络主播时，杨琳只是为了宣传自己的淘宝店铺，希望更多的人能够去自己的店铺购买产品。然而初期的引流效果并没有预期想象的好。

于是，杨琳开始把目光转向QQ群。因为在直播中直接宣传自己的淘宝店铺会给观众留下商业广告性质浓厚的感觉，而且容易遭到平台封锁。而在QQ群中可以与粉丝们形成友好关系，在互动中增加信任感，然后再向变现的路线发展。QQ群可以形成稳定活跃的社群团体，培养忠诚粉丝。

杨琳将直播间的流量引入QQ群的办法非常简单，但需要长期坚持。每次直播时，杨琳都会植入QQ群号信息。比如，在直播界面，杨琳会根据直播内容和粉丝定位让观众添加QQ群号或者扫描二维码。同时，这些群里也会有某些活跃的群成员，负责管理和维护新加入的成员。因为加入QQ群的多半是对主播形成一定偏好和认可的粉丝，QQ群又有专门的管理员负责维护，所以引流效果比较好。同时，杨琳的淘宝店铺的流量也有了明显增长。

观众除了在直播时和杨琳热情互动外，在直播过后，QQ群的热度也会持续上升一段时间。因为如果观众认为直播非常好，这种热度就会马上转移到QQ群，大家继续在群里热议。

各种直播平台为电商达人提供了一个平台,要求不涉及"三俗"(庸俗、低俗、媚俗)。从直播过程来看,单纯推荐自己的产品并没有什么效果,也很少有商家这样做。大部分主播们都拿出了看家本领,直播地点可以是室内室外,也可以是发货仓库。专做海外母婴产品代购的"君妈粉团"甚至直播奶粉采购、入仓打包的一系列过程,让远在国内的消费者买得放心。

淘宝母婴相关负责人表示:"单纯介绍产品已经过时,你要引起消费者了解的欲望,讲他们关心的话题,为什么要买,怎么用,提供专业的知识。"对于电商销售主播来说,长得好不好看并不是首要的,重要的是能够凭借专业度取胜或者以有趣、好玩的故事吸引买家。

精细化、内容化是未来流量趋势,而直播是一个新的入口,也是当前的大风口。如果你是一个直播达人,那么通过直播将流量引入QQ群将是一个不错的方法。

12.1.2 利用红包功能引流

首先,你需要在QQ群里发送让大家加入QQ群抢0点红包的内容。刚开始可能只有几个人经过好友推荐加入进来,但随着0点越来越近,进群的人越来越多。然后你可以在群里通知如果QQ群能在0点的时候达到500人就发送100元的红包,同时告诉大家个人推荐好友进入群里达到20个的可以私聊你,这些人将得到QQ红包,一般为5~10元。

其次,你可以在个人QQ空间发一条说说,内容为:我在XXQQ群里0点发红包,欢迎大家加入QQ群抢红包。由于很多人都只是为了抢红包而加入进群里的,不属于你要找的粉丝,所以你还需要想办法把这些人剔除,因为他们抢完红包就会马上退群,或者一直在QQ群里潜水,只有红包发送时才会现身。这些人不但没有一点价值还会对真实的粉丝造成伤害,大家都称他们为"红包党"。

为了找到真粉丝,剔除"红包党",你需要把一篇文案转发到QQ群并写一段话:"由于很多人都是为了红包而来,我们不喜欢这样的粉丝。为了防止那些为了红包而来的人,也为了找到真粉丝,现在起把此文案转发到QQ空间并加我个人QQ,我将会把你们拉进红包群里,红包将会在QQ红包群里发。而且,拉进红包群的人,如果在0点之前我发现你的QQ空间已经把转发的文章删除了,那只能说对不起了,我将会把你从红包群剔除。"

另外,还有一些人在0点抢了红包之后就会把QQ空间转发的文案删除，这样就达不到文案推广的目的了。因此，在将要发红包的时候，你应当继续在QQ红包群发："发了红包大家是不是就会把QQ空间转发的文案删除了，为了防止这种情况的发生，我们把红包分为两次发给大家，今晚发一次明天再发一次。如果明天我发现你们谁把QQ空间转发的文案删除，那对不起我还是会把你从红包群里剔除。"

QQ群成员按照以上发QQ红包的方法将我们想要推广的内容转发到QQ群并转发到QQ空间就可以抢红包，这种宣传成本很低。

12.1.3 添加多个QQ群

QQ群越多，受众规模越大，文案推广的效果就越好。下面一起看获得多个QQ群的方法。

第一，准备20个左右的QQ号。首先，我们需要提前准备20个左右的QQ号，然后把这些QQ号的密保全部改好。需要注意的是，密保问题应当简单且容易记住，避免操作的时候被人举报，出现限制登录的现象。

第二，添加大量的QQ群。准备好QQ号之后，我们就要开始添加大量的QQ群了。一般来说，100个QQ群大概能够成功添加20个的概率。通过率可能有点低，原因是很多QQ群都设有拒绝他人主动添加的功能。那么，接下来我们怎么办呢？

打开百度贴吧，在贴吧里搜索"QQ群"进入QQ群吧，这个贴吧里面几乎每个帖子都会发送几个在做推广的QQ群。我们可以去收集这些QQ群，一个QQ一天能添加20个QQ群，20个QQ号就能添加400个QQ群了。需要注意的是，在添加QQ群的时候，我们应当写上"贴吧看到的，麻烦通过，谢谢！"这种方法可以有效地提高通过率。

当加够500个QQ群的时候，再加上我们本身就有的QQ群，足以用来做文案推广。

12.1.4 利用软件聊天系统全自动引流

系统聊天软件可以解决一对多以及QQ群聊天问题，省去了我们费时费力地在一个个群发送文案，起到全自动引流的效果。一般的系统聊天软件免费版本就可以满足操作，大家可以自己去了解下，选择最好用的那个。下面我们还需要一段话术，也就是软件聊天的内容。比如："××出了一套关于××的教程，不知道有没有人愿意来操作的，点击下面的链接并下载观看教程。"

至于其他的话术，大家可以自己想一些，也可以在QQ群里开启群聊，参考着来操作。一些拥有几十万订阅用户的微信公众号就是来自于QQ群、QQ空间等社交平台的推广。笔者就曾经接触过某草根运营团队，运营几十个微信公众号，其通过QQ群在短短的两个月就获取了上百万的真实订阅用户，转化率非常高。比如，艺龙旅行网微信公众号就是将QQ群作为主要渠道来做文案推广的。艺龙旅行网在QQ平台的皮肤模版右侧加上了微信公众号的宣传，在其发布的内容中也多次通过文字图片植入关注微信公众号的信息。

另外，还有不少的微信运营者建立了粉丝QQ群。据艺龙旅行网透露其在自建的旅行爱好者多个QQ群内的推广也获得立竿见影的效果，这些订阅用户的忠诚度会非常高。同时QQ账号与微信的打通，大大增加了用户转化便捷度。通过QQ邮件、好友邀请等方式，都能完成批量QQ用户的导入。通过小规模试验，证明QQ平台具有一定的可行性和回报率。

12.1.5　设置群公告、群文件、群相册

如果你在QQ群里面搞好了关系，跟群主建立了深厚的友谊，那么这个时候你就可以跟群主商量，通过群公告发布推广文案。文案里可以添加你的联系方式、网站的网址或者企业信息等。如果有群友对你的宣传感兴趣，就会通过留下的联系方式联系你，或者直接进入网站来看你的产品。

群文件功能也是可以利用的，你可以整理一些与QQ群相关的或者大家感兴趣的文案上传上去，方便群友下载阅读使用。就算有一天你退出该QQ群或者被踢出来，你所上传的文件也会一直存在。只要内容无害，群主一般是不会特意清理掉的。

除了群公告与群文件，你还可以利用群相册做文案推广，只不过群相册只能发图片。见过很多网友利用群相册上传带广告的图片，附加二维码或联系方式，效果应该不错。为了达到最好的推广效果，如果有群相册的话，最好是尽可能利用。

还有一些群应用的功能这里就不一一介绍了，如果你想做好QQ群文案推广，就一定得把QQ群内所有的资源尽可能全部用上，毕竟有胜于无。如果全部用到位了，执行彻底了，文案推广的效果绝对会很不错的。

12.2　QQ空间文案

QQ空间与微信朋友圈类似，但是开放性更好。QQ空间文案即便不是QQ好友也可以随意转发，好的文章可以一传十，十传百，你的说说、日志或者名字、链接等将出现在好友甚至陌生人的QQ空间里，他人一点击就可进入你的空间。而且，在QQ空间里与朋友互动，进来的人都会看到你和QQ好友间的评论，从而增强对你的信任感。

12.2.1　QQ头像、昵称设计方法

为了加强QQ与推广目标的联系，QQ可以选用比较直接的、与推广目标相关的名字和头像。比如你的企业与互联网营销、产品运营有关系，那你的QQ就可以叫"互联网干货分享""产品运营实操案例"等。

直接的头像与名字有一个优势，那就是当用户在搜索相关内容的时候，比如"产品运营"，你的信息就会首先显示出来，从而增加被用户加为好友并关注的可能性。

通过QQ与用户互动，最好不要直接发布企业的广告，等到时机成熟后再发比较安全。运营者可以把推广信息放在个人资料里，让用户自动去点击观看。一个账号的影响力非常小，发送的信息也很难被搜索到，但是如果你有大量账号的话，要被搜索到就更容易了。因此，QQ号的数量是关键。对一个文案推广团队来说，精养的小号应当不低于10个。这样才能有效为企业引入大量流量。

12.2.2　QQ空间基础设置

除了名称、头像、性别、地址等基本信息以外，留言板、个人档、音乐、时光轴等都是QQ空间的特色功能，可以利用起来，打造出一个精致的有利于文案推广的QQ空间。

一是留言板设置。一些人喜欢定期删除留言板中好友的留言，但其实留言板对于增加访客的信任度和活跃度是非常重要的。在留言板中，上面有一个位置叫"主人寄语"，也就是QQ空间的主人写给大家的话，主要用于传播正能量。

你不可能保持QQ24小时在线，这就导致有人加你的时候你可能不在QQ上，所以没有回复人家。但是主人寄语可以让别人对你有一种先入为主的印象，QQ空间传递给他的正能量已经树立起来了。通过这些文字，别人可以知道你这个空间的主人大概是一个什么样的个人。

二是个人档设置。一般来说，个人档可以直接点明你所在的公司是做什么的，有什么服务或者产品，产品功效是什么等。如果有公司网站链接或者是淘宝店铺链接等，你可以把链接直接添加在个人档档案中。这样一来，访客只要看到个人说明就会非常清晰地知道你是做什么的。如果别人是通过账号查找你，那么通过个人说明他会知道你是不是他要找的人，非常直接。

三是访客设置。在QQ空间的右上端设置里面有一个权限设置，可以对访客权限进行设置。设置选项包括"谁能看我的空间""谁能看我的访客"等，既然你的QQ空间做的是推广营销，那么QQ空间应当开放给"所有人"。

到这里，QQ空间就基本设置好了。关于其他设置，要本着为QQ空间文案推广服务的目的进行设置。

12.2.3 推广吸粉

QQ空间文案推广是流量的最大入口之一。QQ平台这样一个熟人社交网络，信息的关联度和可信度是非常高的。标题党、切身内容、点赞之交、社交游戏、测试算命等内容不知不觉间吸引了身边众多好友关注。

在QQ空间里发布文案是企业最认可的一种良性传播方式。吸引人的标题、高质量的文案都是QQ空间文案引爆传播的前提。在信息爆炸的当下，高质量的文案传播速度是极其惊人的。下面，我们具体来看利用QQ空间文案推广吸粉的方法，流程如图12-1所示。

第一，打造一个真实的QQ号。QQ号等级最好超过18级，不建议使用QQ小号，最好用9位数的号码，因为太长的号码或者或者等级太低会让别人觉得不靠谱甚至完全不能信任。接着，我们需要完善个人资料，越详细越好，给自己设置的网名最好简单、容易让人记住。

第二，丰富QQ空间的内容。QQ号信息全部设置好之后，我们需要丰富QQ空间的内容，包括说说、留言板、相册、个人档等。最初，我们应

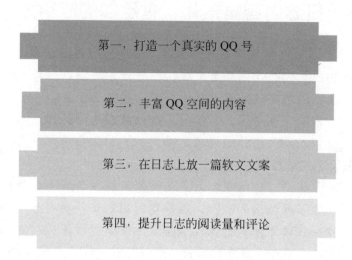

图12-1　利用QQ空间文案推广吸粉的方法

当刷几十条说说，在内容足够丰富之后就可以每天发一条，切忌存在太明显的广告成分。

第三，在日志上放一篇软文文案。这篇软文要求足够"软"，建议写自己的亲身经历，与企业推广内容联系起来，然后在图片上加上企业公众号二维码或者网站网址。如果留下自己的微信号，可以显得更真实，让有意向的朋友主动联系你并和你交流沟通。

第四，提升日志的阅读量和评论。大家可以邀请好友阅读日志，给自己帮忙评论，但是注意措辞不要太浮夸，中性一点就可以了。建议多花点时间做好评论这一块，评论越多你的粉丝转化率就越高，因为单凭你自己的说辞是没有说服力的，只有通过评论才能引起用户的共鸣，有效吸粉。

我们之所以要打造一个真实的QQ号，利用转介绍的策略去推广企业品牌以及产品，是因为现在的人们对广告信息都是相当反感的。如果我们赤裸裸地直接发送广告，给用户的感觉就是王婆卖瓜，自卖自夸。我们自己说一百句产品好都比不上别人说一句好，所以我们的策略就是利用粉丝见证的方式去吸引刚开始关注的粉丝。

通过这个真实的QQ号，我们可以以受益者的身份推荐企业品牌以及产品。当用户阅读完软文之后，会迫不及待想获得我们的联系方式。这时我们留下的微信号就有了用处，用户就会主动微信联系我们。通过深入沟通，可以完成后期转化。

12.2.4 日志内容垂直化，有足够的吸引力

"自媒体"是近两年来非常火的概念。通过自媒体，建立个人品牌，探索适合自己的盈利模式，将粉丝变现，已经成为许多自媒体人的目标。然而，做一名合格的自媒体人是非常困难的。首先，自媒体人必须长期坚持写文案或制作音频、视频等，大部分人都因此而自动退却；其次，即使有些自媒体人可以长期坚持，但是总是因为找不到适合自己的盈利模式而不能将粉丝变现而主动放弃。

一个没有粉丝支持的自媒体人无法有所发展。一些常年坚持写文案的自媒体人，发表了几百篇的文案，但平均每篇的访问量连一千都不到，这种自娱自乐的自媒体无法有任何商业模式的发展。真正成功的自媒体不仅有高质量的内容，还有很高的访问量，同时有着清晰的商业盈利模式。

很多草根都是通过自媒体慢慢取得成功的。比如通过写QQ空间日志年赚百万的自媒体人"懂懂"。"懂懂"原名董俊峰，他通过在QQ空间发布日志，吸引到无数的粉丝。销售QQ空间的回复权限以及读者群权限是董俊峰的盈利模式。

事实上，刚进入懂懂的QQ空间，大多数人的第一感觉就是太平凡了。董俊峰的空间没有任何装饰以及装扮布置，甚至连头像都没有，他也没有做非常流行的QQ空间认证。董俊峰将整个空间当做了一个简单明了的日记空间。众所周知，一个自媒体的文案如果每一篇都有几千的点击量已经非常不错了，而懂懂日记的点击量让人震惊。董俊峰所写的每篇日志的点击量都超过了一万，并且处于持续增长中。董俊峰写下的日志可以在短短3个多小时内就有1.68万的阅读量。

很多自媒体都曾经发表过让大众惊喜的文案，也获得了超高的点击量。然而，大部分自媒体基本上是一周更新一次，有的甚至一个月更新一篇，他们每写一篇文案都需要精雕细琢。然而董俊峰的懂懂日记每天都会更新，有的时候一天可以写几万字。

对董俊峰来说，自己所写的日记就是简单的日志，不是什么高大上的文案。懂懂日记所记录的事情都是董俊峰身边发生的事情以及对网络上的商业机会进行的评论等，其中，董俊峰独特的见解以及个性化的内容是吸引粉丝们的关键。懂懂日记下面的评论并不多，不是人们不想评论，而是因为董俊峰通过销售评论权限而盈利。

懂懂日记是面向大众的，每一位QQ用户都可以阅读。但是所有想要对

懂懂日记进行评论的用户都必须购买每年1200元的日记回复权限。懂懂日记的评论权限相当于每年365次的广告机会，所有关注董俊峰的粉丝都可以看到来自其他粉丝的评论以及回复。

董俊峰将自己的盈利模式称作"付费阅读"。而且董俊峰为粉丝们评论的内容设定了规矩，不能随心所欲地发表评论，这就是董俊峰的自信和霸气。加入董俊峰的读者群需要一万元的入群费。依靠这种简单的盈利模式，董俊峰单单凭借付费阅读每年就有几百万的收入。

董俊峰的懂懂日记中没有培训、没有营销，只是简单的生活日志。他不卑不亢，从不对粉丝阿谀奉承，也没有主动吆喝，但是依然有大量粉丝为了获得评论权限而自动打钱给他。至今为止，懂懂日记已经积累几万的忠实粉丝。同样是自媒体人，大部分都在为了赚广告费而疯狂追求新潮，像董俊峰一样成功的自媒体人实在不多。下面是董俊峰的懂懂日记为何能吸引大量粉丝的原因，如图12-2所示。

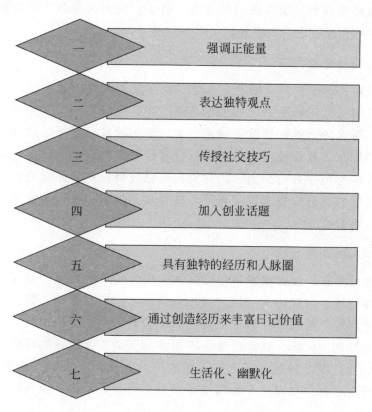

图12-2 懂懂日记吸引大量粉丝的原因

1. 强调正能量

自媒体人应当向社会传递正能量。在懂懂日记里，董俊峰反复强调了这一点。自媒体人应当为社会提供具有积极意义的正面内容，尽量减少消极的负面内容。董俊峰曾经在一篇日记里提到，"家里来了两位不速之客，声称是做盗版光盘的，我顿时感觉心里很不舒服。"董俊峰表明了自己对待盗版光盘的批判态度，也就是向社会传递了正能量。从某种层面上来说，董俊峰正确评价人和事的态度对于粉丝具有正面影响。

2. 表达独特观点

自媒体人所表达的看法应当都是经过自己深入研究的，观点正确与否不是事情的关键，关键之处是要有自己的思想和判断。董俊峰在懂懂日记中谈自己对一些事物的看法，表达自己的观点，但是从来不与别人争论。他的知识研究范围涉猎广泛，对于中医、国学以及养生等他都有自己的看法，并且见解独到。董俊峰的付出不可否认，因为很多看法及观点没有功夫作为基础是说不出一二三的。

3. 传授社交技巧

自媒体人对于家庭、朋友、人脉及圈子的重要性以及交往规则的解说对粉丝具有极大的吸引力。如果粉丝能在你这里学习一些对自身发展有用的东西，那么粉丝的黏性就会越来越大，因为粉丝已经将你的自媒体平台当作社会课堂。董俊峰提出的一些社交观点都是独有的，比如，如何孝敬父母，怎样与陌生人打交道、如何为自己贴社群标签、怎样通过付出计算收益以及怎样区分谁是客谁买单等。这些实用的道理是大多数人不容易悟到但非常渴求的。

4. 加入创业话题

在全民创业的社会氛围中，自媒体人应当顺应大趋势，适当加入一些社会热点话题。自媒体人可以适当加入创业、投资、理财、营销等大众普遍关注的话题。董俊峰在日记中写到的一些看似生活化的内容，很多都隐藏着一些策划、分析，这都是董俊峰刻意加入的。董俊峰的粉丝中有很多都想要创业，因此他融入了创业话题的内容就受到了欢迎。最重要的是，董俊峰所说的自己与身边人的事情都是真实发生的故事，比单纯的讲理论要可信得多。

5. 具有独特的经历和人脉圈

自媒体人懂得利用自己的经历与人脉圈优势。董俊峰就深刻地意识到自己经历的独特性以及长年积累的与众不同的人脉圈子。董俊峰曾经做过网络流量，具备聪明的头脑。董俊峰总是谦虚地说很多点子都是圈子里的朋友一起想出来的，而他只是进行了总结之后将其公布出来。董俊峰的智商与悟性肯定是高于普通人的。董俊峰有两个圈子，一个是线下的朋友圈，一个是网上的读者圈。两个圈子的形成与他的经历直接相关，都是他生活的一部分。

6. 通过创造经历来丰富日记价值

自媒体人应当为了丰富自己的内容价值而创造一些新的经历与体验。董俊峰就把写日记当成了自己的事业、赖以生存的饭碗。为了让自己的日记为粉丝们持续提供价值，他参与了拉萨行、边境游等，丰富了自己的经历与日记内容。很多自媒体人做不到这一点，也模仿不了他的成功，因为像董俊峰一样将写日记当做事业的自媒体人是极少的。董俊峰有充足的时间打造具有价值的日记，而大多数人没有。

7. 生活化、幽默化

自媒体人应当创造生活化、幽默化的内容，给读者以轻松的享受。董俊峰的懂懂日记就通过生活化、幽默化的语言给了粉丝们一种轻松的享受。董俊峰非常擅长用通俗的语言阐释深刻的道理。当然，他的优势与丰富的生活经历和持续、广泛的学习不无关系。自媒体人在创作的时候，首先要找到自己独特的优势。如果没有自己的绝活，你就只能是一个默默无闻的自媒体人，或者无法长久。

对文案策划人员来说，董俊峰创作懂懂日记的经验与技巧是值得学习的，用在写QQ空间日志方面再合适不过了。

第13章 微博、博客、知乎等平台文案

微博、博客、知乎等都是互动型网站,在这些平台上进行文案推广也能收到意想不到的成效。下面一起看微博、博客、知乎以及其他平台文案的推广技巧。

13.1　微博、博客文案

微博也叫微博客，是一个基于用户关系的信息分享、传播以及获取平台，信息有140字的字数限制，可以实现即时分享。博客也叫网络日志，是一种个人管理的文案发布网站。一个典型的博客文案结合了文字、图像、其他博客或网站的链接及其它与主题相关的媒体。两者相比，博客文案推广的效果表现慢，但会持久，微博文案推广具有时效性，超过一定的时间，文案便不具有价值。综合考虑，博客和微博文案应当同时使用，相辅相成。

13.1.1　提高受众卷入度

提高受众卷入度是创作微博、博客文案的首要技巧。受众卷入度与文案推广的效果有直接关系。如果文案策划人员可以同时利用边缘线索和说理来提高受众卷入度，就能在理性和感性兼用的过程中说服受众。如果把受众阅读文案过程中的卷入度画成曲线（图13-1），那么品牌信息应在受众卷入度最高的时候引出。受众在卷入度最高的时候接收品牌诉求，其认可程度是最高的，广告效果也最好。

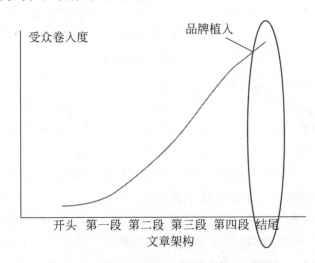

图13-1　受众阅读文案过程中的卷入度曲线

作为一篇由几百甚至几千文字和大量图片组成的文案，策划人员需要一步一步地把受众带入到故事情境中，通过不断引起疑问、回答以及超强的故事逻辑性让受众逐渐放下心理防线，然后在文案最后，落脚到推广的品牌上，水到渠成。

有些文案的植入广告过于生硬，无视受众的卷入度，不仅影响了用户的正常阅读，也不利于品牌知名度和美誉度的提升。比如，一则某汽车坐垫文案，前两段描述了很多品牌汽车内空气指标如何，接下来讲到该汽车坐垫具有净化空气效果时非要把这款坐垫如防静电、防潮等功能硬塞进去，这样不仅影响了文案的可读性，还让用户分不清该汽车坐垫功能的主次。如何避免太过生硬，在受众卷入度最高的时候推广品牌信息，可以参考以下做法。

第一，利用情节植入广告，让广告成为情节发展不可缺少的一部分。《幸福2009，我把自己嫁到了绍兴》一文在这方面做得非常好，比如："我调皮地发问，前观巷明明是条街为什么叫巷呢？一下就把他难住了。看着他挠头的傻样，我心里可乐开了花。那里有家绍兴巴莎摄影，而我名字是莎莎，巴莎巴莎，巴结莎莎。想巴结我就去前观巷巴莎影楼哦！"这样的广告和文案内容唇齿相依，用户不仅无形中记住了影楼名字，还记住了该影楼地址是在前观巷。

第二，文案中广告主题不能只出现一次，也不能出现太多。《知名整形医生披露行业内幕》一文中，"徐靖宏"作为文案策划人员，广告主题"徐靖宏"出现了四五次，让用户对其印象深刻。用户不仅记住了徐靖宏是一位知名整形医生，还记住了徐靖宏所在的整形医院。

第三，广告植入应当留出回味空间。《研究表明：受孕前穿防辐射服更容易生男孩》中提到："对于优加防辐射服的这份调查（引者注：防辐射服影响生男生女的调查），一项研究报告表明'孕前采取电磁辐射的屏蔽保护，主要体现在对男性睾丸激素的保护，而在生男生女方面，睾丸激素起着重要的作用'"这篇文案的广告主题是"优加防辐射服"，而优加的这份调查让用户在回味的同时也记住了该品牌。

把握好提高受众卷入度这一关键，一篇成功的文案就算是成功出炉了。文案策划人员可以根据内容长短选择发在微博上还是博客上。如果内容超出了微博的字数限制，可以在微博上给出博客链接，然后把粉丝引导进博客阅读原文。

13.1.2 人性化互动

一般来说，企业官微隶属于企业的公关、品牌、营销，大部分是不能自主决策的。所以我们看到很多用户@企业官微基本上都没有得到回复。从这种意义上说，海尔的官微是一个特例。

2016年1月，故宫淘宝的一位粉丝提意见说，我想要一款叫做冷宫的冰箱，这样我往里面放东西的时候就可以说"给朕打入冷宫。"大家都只是当段子一听，没想到这条微博火了，还有一位粉丝@了海尔官微说，海尔你们可以出一款这样的冷宫冰箱吗？

让人意想不到的是，海尔官微在第一时间转发了这条微博，并表示要考虑考虑。实际上，海尔官微经常跟粉丝这么互动。当天晚上，这条微博文案就火了，海尔官微收到70000多条私信、回复、点赞等（见图13-2）。

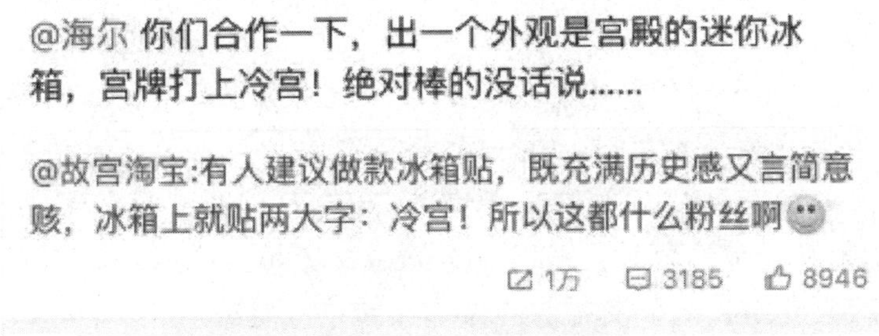

> @海尔 你们合作一下，出一个外观是宫殿的迷你冰箱，宫牌打上冷宫！绝对棒的没话说……
>
> @故宫淘宝：有人建议做款冰箱贴，既充满历史感又言简意赅，冰箱上就贴两大字：冷宫！所以这都什么粉丝啊
>
> 1万　　3185　　8946

图13-2　@海尔官微内容

海尔官微运营人员从中提炼出将近5000条非常有价值的产品改良意见，并整理出了整个用户的大数据，包括年龄段、用户层次、购买力以及产品预期等。当天晚上，经过与海尔冰箱制造部门的沟通，海尔决定做这款冰箱，并在24小时之内把这款冰箱的工业设计图晒在了网上。

七天之内，海尔官微收到了1000多个用户的反馈意见。举例来说，一位用户说，冰箱设计的结构应当真像一个冷宫一样，窗户是宫廷的那种窗户，可以被点亮，可以显示温度。有一些设计，海尔的工程师都没有想到。最终，海尔通过3D打印技术把这台冰箱送到了这个用户面前。

冷宫冰箱的案例表明，海尔把用户当成了企业的合伙人，海尔用户可以参与到产品研发、设计、制造、营销的整个过程。

在以前，如果用户要绿色的汽车，企业可能会说，我们只有黑色和白色。但是现在，海尔告诉用户，我们有一款叫做海尔定制的APP，你可以

在上面自主下单。比如，你认为结婚纪念日很值得纪念，于是定制了一款海尔冰箱，通过APP把照片发上去，然后选择技术参数。海尔有九大机器人工厂，每一个机器人头上都有一个传感器。你定制的冰箱到了喷砂、组装，还是物流环节，机器人的传感器会通过APP实时反馈给你。

13.1.3 花钱让大V转发

微博大V、大牌明星都是移动互联网传播的活招牌。他们的一些小行为都有可能掀起巨大的风浪。目前，明星与网友的互动大多是通过微博，鉴于明星本身的高人气，运用明星的微博为公司的产品做广告也不失为一种好的营销方法。被网友称为"国民岳父"的韩寒，只用一部手机就稳赚了6.5亿票房。

随着郭敬明的《小时代》系列电影屡创票房纪录，获得了傲人的成绩。韩寒终于也心动了，在作家、赛车手、全民岳父的身份之后，又加了一个身份——导演。《小时代》电影的大部分粉丝来自于原著，而韩寒的《后会无期》并没有原著粉丝基础，是一个全新创作。但《后会无期》在零点首映场却取得410万票房，首映日票房为7650万，最终票房超6亿。其实，《后会无期》高票房的背后，可以说是微博文案推广的成功。下面一起看看韩寒在《后会无期》电影发布前的微博文案推广脉络。

为了扩大《后会无期》的知名度，韩寒首先制造了一件"大事件"：2014年2月20日，韩寒在自己的微博中频晒女儿小野萌照，有网友在回复中称韩寒为"岳父大人"，韩寒便将该条回复转发到微博上，大批网友和明星都纷纷包围韩寒微博留言齐喊"岳父大人"。面对这样一个称谓，韩寒在微博中用一个怒字表达了自己的情绪，并且调侃道："怎么会有这么个话题。以前看月亮的时候，人家都叫我韩少，现在新人胜旧人，在片场大家都叫我岳父。我的青春也太短暂了……"

自此"国民岳父"的美名迅速在网络上走红。阿信、冯绍峰等大批明星也竞相在微博上称韩寒为岳父，有人还开辟了"国民岳父韩寒"的微博话题，该话题的讨论量亦超过10万，阅读量则达到121万。

随后，"国民岳父韩寒"依靠高人气开始宣传电影。尽管《后会无期》没有粉丝基础，但韩寒微博近四千万的粉丝蕴含着巨大的市场。此前，杨幂和郭敬明等人证明了粉丝对电影票房的重要贡献，这对于韩寒来说更不是问题。

韩寒知道粉丝的潜在经济利益，于是将前期电影宣传重点放在了微博上。在前期宣传的内容方面，韩寒一直没有透露影片的相关细节，而是在微博上发布演员等工作人员的片场照片，用经典韩式幽默的调侃方式配文在微博上传播。网友纷纷进行猜测，在每条微博之下都出现了很多"神评论"。

一些相关微博大号将这些"神评论"整理汇总，重新以微博的形式发布，使得消费者原创内容得到了有效的二次传播。因而，《后会无期》的前期宣传为影片创造了神秘性又引爆了相关话题的讨论。

尽管韩寒不喜欢别人将他与郭敬明进行对比，但暑期档的巧遇无疑将他们变成最解不开的一对。两人在成名之初就经常被拿来进行对比因而产生联系，《小时代3》和《后会无期》在暑期档先后公映，人们对两人关系的恶作剧更是达到登峰造极的局面。

有网友评价说："郭敬明戏里戏外赤裸裸地玩拜金，而韩寒就偏偏利用他来反衬自己的高冷。"韩寒的《后会无期》是反映与《小时代3》相反的人生价值理念的异型片，由此产生的宣传效果就是反向营销的结果。

虽然同档期的巧合让人生疑，可能有人为因素在背后操纵，但是依然有很多人为了比较两部影片的不同把两部电影都看了。从这个意义上讲，两部影片实现了双赢。

影片上映前，《后会无期》的3支宣传MV也很成功，其中又以《平凡之路》的反响最热烈。因为在《平凡之路》发布的同时，朴树宣告复出。朴树和韩寒联手复活了千万"80后"关于青春的记忆。这两位青年领袖成为引发热烈讨论的网络事件，该MV转发量最终突破40万，而这首歌也登上了当天虾米、腾讯网的音乐排行榜榜首。

影片上映后，剧中的经典台词被疯狂传播，并且迅速引发了相关形式的创作热潮，比如"××就会放肆，而×就是克制"的复制体。很多没有去影院看过影片的人们对台词也耳熟能详。此外，电影中名为马达加斯加的小阿拉斯加犬受到人们的喜爱，片方专门为其建立了个人微博。在微博中"马达加斯加"与粉丝互动卖萌，时常发布一些关于电影幕后的趣味故事，赢取了大量粉丝的关注，让电影的形象在人们心中更完整，更具体。《后会无期》的最终票房为6.5亿，可谓是大获全胜。

名人效应的威力是很强大的，因为名人是社会公众比较熟悉和喜欢关注的群体，人们会通过各种媒体想方设法地获取一些名人的相关信息。也正是因为名人本身的巨大影响力，所以，他们的出现往往能够增强传播效果。因此，企业在进行微博、博客文案推广传播时，最好请一些大V、大牌影星宣传造势，这样能以最快的速度进行广泛传播。

13.1.4 利用微博互粉大厅

互粉大厅是新浪微博的一款吸粉应用，用户超过十万，堪称互粉利器。利用互粉大厅，微博用户可以在短期内增加众多粉丝，一个朋友就曾经在三天内把微博粉丝从500增加到5000，效果超级明显。

互粉大厅的功能机制是用户相互关注，只要用户在大厅里点击罗列出来的同时使用该应用的微博用户的头像下的互粉就能实现相互关注，效率比其他互粉工具高出很多。互粉大厅有这样的声明："这是一个提高自己粉丝数的新浪微博应用平台，强调三点：用户都是真人；用户都即时在线；保证用户诚信互粉。"下面一起看看互粉大厅的玩法攻略。

1. 怎么获得体力？

体力是互粉大厅使用的基本消费积分，每一次成功互粉需要消耗5点。获得体力的途径有很多，比如，每天签到可以获得200体力、点击"贵族置顶区"的头像会获得10体力、点击"邀请有奖"每次成功邀请获得30体力、使用"RP挖宝"、付费补充体力等。

2. 如何进行互粉？

一般来说，进入互粉大厅以后选择相应的用户点击互粉，在1分钟内就会回粉。在互粉25个左右之后，可能被提示"短时间内关注用户过多，请下小时再来"，这时需要等待一段时间后再尝试。每天的互粉限制与你现有的粉丝数有关系，一般粉丝数在500以下的用户每天只能关注100以下用户，粉丝数在500～1000之间的用户可以关注100～200名用户，粉丝数在1000以上的用户可以关注200名左右的用户。也就是说，现有的粉丝数越多，可以互粉的数量就越多。

另外，频繁进入互粉大厅求粉是有好处的，即便你的关注数已经达到微博的限制。因为每一次你进入互粉大厅，你的微博头像就会显示在第一页最新进入大厅的用户，这样你被别人关注的机会就增多，这是一种在关注达到限制之后有效的求粉方法。

3. 如何进行骗粉查杀？

为了减少互粉成功后又对你取消关注的现象，可以使用骗粉查杀工具。

骗粉查杀工具可在晚上8:00 ~ 12:00间使用,帮助你取消最近关注的20、100、300、500、1000等设定数目的没有关注你的所有用户。在用这个功能之前,最好先看一下最近有没有重要的关注用户,及时找出来,在查杀之后再关注一下。如果近期关注的重要用户比较多,建议不使用这个功能。

4.关于转发大厅

转发大厅分为微博求转A区(含链接区)和微博求转B区(不含链接)。你可以在这里发布微博求转任务,设定要转发的微博、体力奖励和转发者条件即可。需要注意的是,不要发布商业广告性质极重的微博,这样的微博即便给的奖励分再高,用户也不愿意转发。另一方面,这样的微博还会影响到你微博内容的质量和别人对你微博的印象,导致他人取消关注。

转发大厅是做微博文案推广的好功能,适当的储备一些体力,在有微博文案转发需求的时候求一下转发,覆盖面是非常广泛的。

13.1.5 安妮微博文案引爆传播

当时拥有800多万粉丝的"90后"美女漫画家安妮曾发表一篇名为《对不起,我只过1%的生活》的微博文案(见图13-3),在用插图绘画讲述自己"如何走上漫画家的道路"的故事的同时,安妮还巧妙地放入了她的APP广告。

在文案发出48小时内,该微博转发量超过40万次,点赞人数超过34万,还有将近10万的评论。该微博的阅读量超过了6000万,超过30万的用户下载了她的APP,一度拿到了APP Store里免费榜排名的榜首。如果单个APP的推广价值为5元,安妮的这

图13-3 《对不起,我只过1%的生活》微博漫画截图

次营销为她带来了150万元的收益。此外文案推广成功的背后还有许多隐含的收益，比如更多的粉丝，更多的读者，更高的知名度，甚至吸引了更多的商业合作机会。

安妮利用微博进行文案推广事件是一个典型的社会化营销方案。事实上，除了安妮，还有很多企业利用社会化媒体将文案推广营销玩得风生水起，诸如小米、杜蕾斯、加多宝、可口可乐等。加多宝的对不起体，可口可乐的昵称的火爆都是社会化营销的结果。

事件爆发之后的短时间内，各大权威媒体、自媒体以及微博红人纷纷自发进行转播，业界人士也都公开发表自己评论，为什么安妮的微博文案能够引发如此轰动的效应呢？其中一个原因是安妮的身份是"90后"美女。余佳文事件、少年不可欺等事件热度刚减，人们依然保持着对"90后"的关注。安妮依靠自己"90后"美女漫画家的身份再热一番不是一件很难的事情。

漫画中反问的话语也非常具有代表性。妈妈被诊断为心脏病，在大众的朴素情感基础上得到认可。随着故事情节的后续发展，一些更加悲剧的事情都降临在漫画女主角身上，社会公众对于故事的看法以及评论因此更加深刻。

安妮微博文案的大量转发并不是一个单纯的传播事件。安妮实现梦想的故事内容、故事情节、故事层次以及节奏感把握的非常到位。女主获得成功的创业故事在这个时代具有典型性，因为在漫画行业中，真正取得成功的人是极少数的。而这极少数人基本上都经历过从无到有，从草根出身到被投资人拒绝，甚至是被嘲讽的历程。这些都满足了大众精神的心理需求。

在发出"对不起，我只过1%的生活。"的微博文案之前，安妮已经拥有800多万粉丝。她广大的粉丝群，为她的微博文案推广进行了首轮转播。之后，微博文案凭借打动人心的优质内容，并通过各种传播渠道才一次次得以转播。

《对不起，我只过1%的生活。》虽然是一则广告文案，但网友纷纷表示这是一则好看的广告文案，并且非常乐意免费对它进行宣传。在"对不起，我只过1%的生活。"微博文案爆红之后，安妮趁势出版了畅销绘本《妮玛，这就是大学》，即将出版《安妮和王小明》。她的代表作《二在广外》《妮玛的唠嗑馆》《妮玛，这就是大学》《安妮和王小明》等人气剧增，屡创微博热门话题排行榜第一，平均转发量超过五万。

安妮微博文案推广的成功案例让很多文案策划人员对文案推广有了重新认识，并得到很多启示，如图13-4所示。

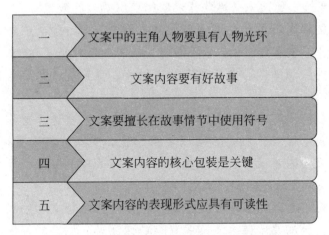

图13-4　安妮微博文案推广给大家的启示

第一，文案中的主角人物要具有人物光环。"对不起，我只过1%的生活。"的微博文案直指"梦想"的主题，梦想是一个热门话题，也是一个永恒的话题。关于梦想的故事，受众永远都爱听。

在安妮实现梦想的故事中，故事开端是"梦想受挫"，受挫的原因是妈妈被诊断为心脏病。故事结尾是"坚持梦想"，梦想受挫和坚持梦想的过程是连贯的，人物在这个过程中的转变就是人物光环。人物光环使故事的核心环节具备了吸引力，所以在策划一个文案之前，首先要明确事件中主角人物的人物光环是什么，然后再开始写故事。人物光环是好故事和普通狗血故事的核心差别。

第二，文案内容要有好故事。借助于梦想故事进行传播的文案有很多，但是只有很少的文案能够被疯狂地传播下去。故事可以编造很多，但是吸引受众的好故事却很少。

在安妮的漫画里，小安妮通过自己的奋斗打破了两次1%的诅咒，如今又凭借网络的力量实现了第3个1%的突破，这就是一个好故事。讲自己真实的故事非常打动人心，讲自己经过努力终于成功的故事更加打动人心。

第三，文案要擅长在故事情节中使用符号。安妮在自己的故事中用到了很多符号。比如，心脏病、方便面、买房、投资人的胡子等。心脏病是最恐怖的疾病，方便面是苦难的重要符号，买房是年轻人选择梦想或者现实的核心，而投资人的胡子是为老不尊的代表。

在故事情节的设计中，符号元素的使用让受众非常容易理解故事的中心表达，并且容易投入故事中去。所以，在短故事中，直接使用很符号化的元素来作为情节比追求个性化能够取得更好的表达效果。

第四，文案内容的核心包装是关键。创业故事的核心一般都是梦想，但是安妮的梦想故事有一个与众不同之处，那就是"1%"的核心包装。1%作为安妮实现梦想的核心要素贯穿故事始终，使安妮的故事与其他梦想故事区分开来。

就像核心包装对于广告语的意义一样，文案内容也需要核心包装。与第三点中关键点类似，就是内容需要符号化。受众很容易受符号的影响，文案策划人员为内容设计一个逻辑符号是非常简单的事情，而代表内容的典型符号是获取受众的重要因素之一。

第五，文案内容的表现形式应具有可读性。比起文字的长篇大论，简洁明了的图像更加易于传播。网民具有快速阅读、切换频率快的特点，而图像本身的直观性和美感使其在传播中具有天然优势。

综合上述，一个好的文案推广方案应该以一个好故事为基础，寻找到一个合适的引爆点，在关键时候进行引爆。文案策划人员要关注受众的需求，尤其是他们的心理需求。只有给受众想要的和喜欢的，才能达到引爆传播的目的。

13.2　知乎文案

知乎是一个侧重知识分享与发现的平台，各种回答都很详细。有的回答甚至可以单独成为一篇文章，有理有据，用户都乐于阅读。在这种情况下，通过知乎发话题讨论，然后邀请相关人士进行专业回答，再进行深度延伸，会引来很多流量。

13.2.1　引导性提问技巧

做知乎文案推广应当在不违反相关平台制度的前提下，提出有格调的问题。具体来说，有格调的问题应当真正能够带来讨论，引发有价值的回答。最根本的是，即便目的是推广营销，也应当让用户读完问题与答案后有所收获。即便用户读完问题和回答后发现了广告的痕迹，但因为有所收获，也不会在意自己被营销套路了，这样的知乎文案就是成功的。

下面一起看在知乎上进行引导性提问的技巧，内容如图13-5所示。

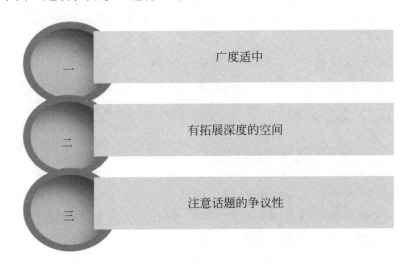

图13-5　在知乎上进行引导性提问的技巧

第一，广度适中。如果问题过于宽泛，回答者常常会感到不知从哪里说起，给出的答案相关度较低，质量自然不会高。比如说，问题是"如何提高效率"，回答者就会感到迷茫，心想：提高什么效率？工作效率？阅读效率？比较热心的用户可能随便回答一下，大多数用户则会采取不理睬的态度。

如果问题过于细节化，那么能够给出回答的人则比较少，这就会导致问题因为没有讨论价值而被关闭。比如，问题是"这道物理题怎么做"，大多数人看到后会远远绕开，问题被人冷落的可能性非常大。

一个广度适中的问题才具有最大的讨论价值，从而引起众人围观。比如问题是"怎么学好物理"，仁者见仁，智者见智，这一问题的热度预测不会低，毕竟想要学好物理，心中有这一疑问的中学生、高中生甚至大学生太多了。

第二，有拓展深度的空间。有一些问题因为本身没有深度，回答者绞尽脑汁也无法给出有深度的回答来。比如，问题是"什么事情让你哭得很开心"这就是一个没有深度的问题。而"中国梦的深刻内涵是什么""中国梦与美国梦的区别和相似处"这一类的问题就是好问题。

第三，注意话题的争议性。知乎上面的很多话题都是因为具有争议性才引发了各种各样的知识分子在上面吐槽。具有争议性的话题也更容易造就各种不同的犀利观点。选择一些有争议性的话题进行提问往往有助于扩散话题热度，这一类话题包括是否应该支持父母进养老院养老、对中医的肯定或否定态度、外貌协会有没有错、父母的梦想儿女是否应该继承等。

最后需要注意的是，在提问之前应当搜索一下有没有类似的问题，避免问题与他人的相同。这就要求文案策划人员在进行知乎提问时在问题标题中突出自己问题的独特性，不要浪费了知乎上的流量资源。

13.2.2　发布情感性问题

很多人试图根据知乎上的热门问答给知乎文案推广找一个传播规律，然后利用这种规律创造出新的热门问答。然而，大家无奈地发现，知乎上比较热门的条目根本没有什么规律。大多数情况下，只有干货才会在知乎上流传开来。当然，有一个例外，也就是情感领域。在情感领域，不存在专家的权威，各种专业各种领域的人都愿意去情感领域讨论。

可以这么理解，即便你在某一个领域非常专业，在情感问题中，你的回答质量可能与大多数人是一样的。这样一来，答案获得的点赞数常常与回答者本身的人气有关。

比如说，经常见到的一些问题，体现出了强烈的大男子主义、重男轻女、嫉妒心强或者其他恶劣的性格，这种问题一般会被归于"这种人居然也能找到对象"的领域。此时，如果有大V关注和回答，这个问题很可能会火起来。随后，一些新用户讲述个人经历的长答案往往都会受到关注。而大V需要做的，也许只是一句话的表态就足以带来热度。

在这种环境下，越是奇葩的问题，就越容易吸引一些大V用户来回答，话题也越容易火起来。随后，切入自己的真正的推广内容，就可以借势而起。

要想借助情感性问题进行推广，文案策划人员首先需要确认，产品或服务是否可以借助情感性问题进行切入。比如说，一种热门产品或一种容易让人上瘾的产品引发了情侣或夫妻间的矛盾、一种具有争议性的产品引起了双方价值观的冲突、因为产品大量占用一方时间导致另一方产生被冷落的感觉等。

13.3 其他平台文案

一般来说，微信、百度、QQ、微博、博客、知乎是主要的文案阵地，因此产生了朋友圈、公众号文案，百度贴吧、文库、竞价文案，QQ群、QQ空间文案，微博、博客文案，知乎文案。除此之外，传统新闻媒体、新闻网站、豆瓣以及一些视频网站等平台、社区都可以进行文案推广，只是比较小众而已。下面一起看微信、百度、QQ、微博、博客、知乎之外的其他平台文案。

13.3.1 传统新闻媒体主动报道

下面通过一个案例看传统新闻媒体主动报道对于文案推广的作用。

橄榄油作为"液体黄金"，不仅口味独特、营养丰富、具有美容功效，还有防治心脑血管病的保健功能。然而，国内消费者并不喜欢将橄榄油作为食用油，因为人们已经习惯了花生油、豆油等传统食用油。更何况，大多数中国人喜爱厚重的香味，具有淡香的橄榄油很难有广阔的市场。橄榄油若想成功走入中国人家家户户的厨房，仍有一段艰辛的路要走。

A品牌橄榄油刚刚进入中国市场时，消费者的品牌认知度非常低，不仅需要面对来自传统食用油的巨大压力，还要与同行业橄榄油商进行激烈的竞争。A品牌橄榄油清醒地认识到，如果不能从众多传统食用油、橄榄油品牌中脱颖而出，被中国消费者认识和接受，公司将不能持久地经营下去。这样想来，在产品质量保证的情况下，做有创意的营销成为出奇制胜的重要途径。

在国内市场被各大橄榄油品牌瓜分的情况下，A品牌必须找出自己的差异化产品定位。因为A品牌的产品优势在于纯天然、保健功能显著，所以中、低档橄榄油的低价不能威胁到它。A品牌决定以高品位和富有亲和力的品牌形象切入市场，品牌定位为"健康源泉、美丽伴侣"。而选用女博士作为形象代言人的事件引发了社会轰动效应。选定北大女博士担任形象代言人一举，成功地抓住了社会的要害与兴趣所在，找到了品牌的突破点，为进军国内市场打响了名气。

女博士被人们称为"男人、女人之外的第三种人"，外界一直将其当作木讷、土气的典型人物，这貌似与橄榄油健康时尚、前沿的印象格格不入。

而A品牌选择一位女博士来担任形象代言人,引发社会的关注。实际上,橄榄油的目标消费者是中高端知识人群,女博士与橄榄油在本质上是完全匹配的。因此,此次代言事件引发的轰动效应不仅是借助表面上的感觉错位提升品牌知名度,也因为女博士与橄榄油的内在一致性提升了A品牌的美誉度。

A品牌首先在论坛发帖寻找来自北大或者清华的女博士来担任形象代言人。由于北大清华是国内两大顶尖高校,而且社会上对女博士的话题具有很强的敏感性,帖子一经发出,就引发了网友们的热烈讨论。最后,一位北大女博士因其形象清丽可人、阳光健康,与A品牌"健康源泉、美丽伴侣"的形象定位完全匹配,从上万名候选人中脱颖而出,被选定为A品牌的形象代言人。

全国各大传统新闻媒体纷纷主动报道北大女博士担任A品牌代言人的新闻,传播取得了很好的效果。其中,中央电视台、凤凰卫视、中国青年报、人民网等各大新闻媒体都抓住女博士这个常被社会所误解的特殊群体进行深度挖掘,将女博士应聘A品牌形象代言人的事件不断推向新的高潮。《女博士原来不是灭绝师太》《女博士代言A品牌橄榄油的心路历程》《女博士难耐寂寞代言产品》等报道争先恐后的出现在人们眼前。

此次文案推广营销的成功之处在于:选择的形象代言人非常符合产品定位。北大女博士不仅外表美丽健康,还有高品位的学识和智慧,既能够推广橄榄油这种产品,还能够诠释产品健康生活的理念,塑造产品高品位和富有亲和力的品牌形象。消费者心中对知识的敬仰与博士本身所代表的高学历、高修养产生了共鸣,对于增强产品的吸引力和可信度起到了重要作用。

最厉害的一点是,社会上对女博士的关注从来不少,却一直存在偏见,而选用女博士来做"时尚"产品的代言人创造了极大的新闻价值。营销成功的关键就是引发公众的热切关注,促使媒介进行大量免费的报道,A品牌的文案推广完全做到了这一点。同时,此次事件还可以改变社会上对女博士的普遍认知,传播了社会正能量。

由此,A品牌选用北大女博士作为形象代言人的事件,既具有社会意义,还具有商业效益。不但有助于改变女博士的社会形象,也在引发社会关注的同时,极大地提升了A品牌的知名度和美誉度,使A品牌在位于市场不利地位的情况下造势成功,品牌迅速扩散到了全国。

利用社会热点事件提高企业在公众中的曝光度(借势营销)或者使企

业制造的议题向社会热点话题转变（造势营销），是引起社会关注，将企业想要传达的信息传递给目标受众的最好方式。

在互联网信息时代，任何一个成功的营销案例都离不开媒体传播推广。媒体传播推广的特性总是可以引起公众的聚焦，如此一来，企业营销内容很容易成为公众关注的焦点。

13.3.2　新闻网站报道、转发

上面橄榄油品牌的成功依赖于传统新闻媒体的主动报道，下面看一个通过新闻网站报道、转发提升品牌知名度的案例。

"饿了么"是中国最大的网上餐饮服务平台之一，2009年4月由上海交通大学硕士张旭豪创立。除了是外卖鼻祖，"饿了么"还一直牢牢占据行业领军者位置。"饿了么"之所以能成为外卖行业的领先者，软文推广功不可没。最早，"饿了么"网站在多篇软文里讲述创业者团队"极致、激情与创新"的创业故事。

当时，在上海交通大学机械与动力工程学院宿舍间，张旭豪和康嘉、汪渊、邓烨几个室友打电脑游戏，一直玩到凌晨，才感到肚子饿了。几个人本想打电话叫外卖送份夜宵，谁知电话要么打不通，要么没人接。大家又抱怨又无奈，饿着肚子聊起来："这外卖为什么不能晚上送呢？""晚上生意少，赚不到钱，何苦。""倒不如我们自己去取。""干脆我们包个外卖吧。"

就这样，几个研究生一年级的学生越聊越兴奋，创业兴趣一触即发。每个人都开始讨论和设计自己的外卖模式，一直说到凌晨四五点。天一亮，张旭豪等人便开始了正式行动。他们先是做市场调研——暗访一家家饭店，在店门口记录店家一天能接多少外卖电话、送多少份餐。

之后，张旭豪等人毛遂自荐，从校园周边饭店做起，承揽订餐送餐业务。在宿舍里设一门热线电话，两个人当接线员、调度员，还外聘了十来个送餐员。只要学生打进电话，便可一次获知几家饭店的菜单，完成订单。接着，送餐员去饭店取餐，再送到寝室收钱。

这样的模式运行了几个月，饿了么积累了学校周边大大小小17家饭店的外卖资源。并且，张旭豪和室友们一起投资了几万块钱，印制了1万本"饿了么"外送册。册子里除了有各店菜单，还有汽车美容等周边商家广告，赚取的广告费几乎收回了制作成本。上海交通大学的每个寝室都得到了一本饿了么外送册,饿了么也开始在校内出了名。这时,饿了么每天从中午到凌晨要接到150~200份订单,每单抽取15%的费用。生意忙不过来的时候,张旭豪也会在校区内跑腿送饭。

2011年6月25日的上海交通大学毕业典礼真正让张旭豪等人意识到饿了么外卖网站改变了人们的日常生活习惯。这场毕业典礼通过微博进行了现场直播。在这场颇具互联网时代印迹的毕业典礼上,校长张杰对毕业生说:"我们一同在BBS上'潜水、冒泡';一起观看《交大那些事》;一同拨过'饿了么'的外卖电话……"

从创办饿了么网上订外卖网站的第一天起,张旭豪就知道自己要做一家伟大的公司。所以,饿了么走出上海交通大学,成为覆盖所有上海高校的网上订餐网站。不久之后,饿了么就获得了硅谷投资者的青睐,金沙江创投一次性给出了100万美元的风险投资。

之后,饿了么相关文案陆续出现在各大网站的报道中,甚至普通员工也开始接受《创业家》的采访。2014年5月,《网易科技》报道了"饿了么"接受大众点评8000万美元战略投资。同年8月,《南方日报》以"饿了么20万免费午餐发起白领市场总攻"为标题,报道饿了么"从8月中旬起,通过分众覆盖全上海几乎所有写字楼的1万个互动广告屏送出20万份免费午餐。"同年10月,《i黑马》百亿美金平台想象以"外卖O2O平台饿了么如何实现半年10倍增速?"为标题,报道饿了么网上订餐迎来的"大裂变",以及CEO张旭豪提出的"下沉"战略。

2015年3月,一篇名为《饿了么:一群大学生的奇幻之旅》的文案在各大网站广为流传,饿了么网站搜索引擎排名一举冲上各大外卖网站第一位。此外,还有《经纬合伙人丛真:湖南菜馆里发现饿了么,馄饨小店里决定要投》《饿了么邀王祖蓝代言,CHUANG大会和你一起拼》《饿了么获6.3亿美元融资,创全球外卖行业最高纪录》等各种报道。

截至2017年5月,"饿了么"用户规模突破1.3亿,平均每6位网民就有1位使用"饿了么"。近3年来,"饿了么"的市场份额始终保持第一。在即时配送方面,服务于蜂鸟配送的配送员人数已超过300万人,日运单超过450万单,这也使蜂鸟配送成为中国最大的即时配送平台。

无论是传统新闻媒体还是互联网时代的各种新闻网站,企业要想获得大量的报道,就需要面对各种媒体的采访,抓住宣传企业和产品的大好机会。面对媒体采访的时候,企业可以从以下四点入手,让媒体为自己创作一个好文案。企业面对媒体采访的做法如图13-6所示。

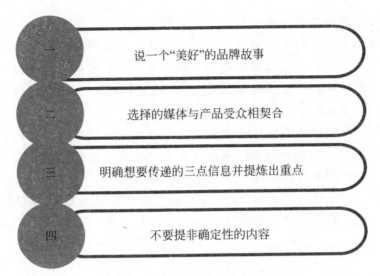

图13-6　企业面对媒体采访的做法

第一，说一个"美好"的品牌故事。成功的企业背后都有一个美好的品牌故事，包括三只松鼠、雕爷牛腩、叫只鸭子等，这些企业利用一手的好故事引得投资人和消费者竞折腰。当然，故事不是凭空捏造出来的，而是基于下面三个方面：①公司的主营业务，列举1~3个；②与竞争对手的差异，通过事实说明特色；③产品或服务上现存的几个问题，说明将如何改进或调整。找到问题的答案后，要进行多次修改，直到改出一个足够吸引公众关注的故事。

一个吸引公众关注的故事具有以下四个特征：①故事情节的发展方向不可知、无法预测，比如创业者尝试了无数种方法都失败了，大家不知道他是否能成功，也不知道到底是使用哪一种方法获得了成功；②故事主角面临一个两难选择，在两个选择中左右摇摆，谁也不知道究竟哪一个选择对主角是更好的；③让主角一直面临威胁，游走在失败、毁灭的边缘，不知道什么时候就会挂掉；④让主角一路开挂，高潮不断袭来，此时大部分人都会被主角光环吸引。

第二，选择的媒体与产品受众相契合。如果是做传统餐饮的企业，非要上科技媒体那就有点难办。所以，最好提前选择出那些与产品受众契合的媒体，看这些媒体采访过的类似公司，对比下自身故事和已经被媒体报道过的故事哪个更有吸引力。需要注意的是，如果有记者说想采访你，一定要问问他们报道的角度。如果与自身希望不符，那么就没必要接受采访。

第三，明确想要传递的三点信息并提炼出重点。明确想要传递的信息后，回答记者问题时要围绕这三条信息来说，并且回答的内容要能支撑起你的故事。短小精悍的故事更有利于被引用和二次传播。在讲故事时，可以适当引用精确的行业数据和调查结果，避免使用我"以为""可能吧"等不确定的语气和内容。

第四，不要提非确定性的内容。还没有签订合同的合作、并购等都不能向媒体提起，除非是对方同意你公开的。总之，所有非确定性的内容最好不要提，否则事后影响对公司来说是很棘手的。

很多文案策划人员认为，自己只能控制自己创作的文案，媒体写什么，报道什么则与自己无关。事实不是这样，媒体写的反映的是企业说的。从这方面来说，企业说什么，不说什么则在我们可以控制的范围内。

13.3.3 用户生产UGC

虽然BGC（品牌生产内容）或PGC（专业生产内容）是互联网的主流发生渠道，但当今用户已经不满足于仅仅从互联网上获取信息，而是希望从旁观者的身份转化为参与者，在互联网上发声。

在这种背景下，UGC应运而生。UGC指的是用户创造内容，在UGC模式下，用户会通过互联网平台展示自己原创的内容，分享给其他用户。如此一来，用户既是浏览者也是创作者，既是互联网舞台的观众，也是互联网舞台的演员。

起点中文网、酷6视频是最早开发UGC的互联网平台。随着互联网技术的成熟，尤其是智能手机、APP、H5的普及，用户记录内容、生产内容的手段越来越便捷，UGC产出的门槛大幅度下降，而且体现了更多的社交性、即时性、多媒体性。与BGC和PGC相比，UGC更追求个性化，其价值在未来将会愈发突显。

UGC是一种用户的情感诉求渠道，有助于用户与其他用户交互，满足其成就感、愉悦感、归属感等心理需求。对品牌来说，重视用户反馈，刺激UGC产出可以提升品牌推广的成效。下面一起看刺激UGC产出对品牌推广的三个作用。

首先，UGC有助于提升用户参与热情，形成病毒式传播效果。与BGC和PGC相比，UGC最大的优势就是用户主动参与程度高，互动空间大。一般情况下，用户生产原创内容后会进行自发性的二次传播，引来爆炸式的关注与追随，形成病毒式传播。比起花钱做广告，用户转发分享带来的品牌推广效应性价比超高。2016年7月刷爆朋友圈的魔性H5《穿越故宫来看你》之所以能成为爆款和热点，很大程度得益于微信用户的二次传播。

其次，UGC内容具有优质和多元化的特征，可以助力品牌推广。"90后""00后"是互联网的主要受众，这群伴随网络成长起来的一代人，个性突出，具有创新和冒险的精神，其智慧有时候让人惊叹。另外，平台渠道与创作模式的多元化也有助于产生更多的优质UGC。刺激UGC产出，优质的用户原创内容反作用于整个营销链，给品牌带来了更加丰富的内涵和附加值，实现了品牌推广锦上添花的效果。

最后，UGC有助于品牌沉淀核心用户，提高用户忠诚度。这点作用主要是针对UGC社区平台来说的，用户利用UGC与广大网友交流分享的同时还可以从自己创作的内容中获得收入分成。所以说，UGC不仅可以提升用户使用平台的频率，使平台获得盈利收入，还是平台巩固核心用户的有效手段。

以斗鱼直播平台为例，主播通过优质UGC吸引粉丝，获得粉丝送出的虚拟礼物。在这个过程中，粉丝花钱购买虚拟礼物构成了直播平台的盈利来源，而主播也能从中获得一部分分成。在利益的驱使下，用户会更积极地为平台生产优质内容，极大地提高了用户忠诚度。

下面一起看UGC的三个常见玩法，内容如图13-7所示。

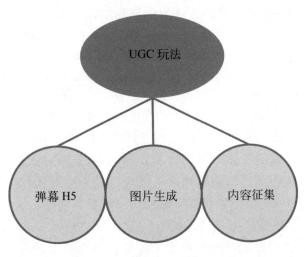

图13-7　UGC的三个常见玩法

1. 弹幕H5

《太子妃升职记》以"魔性"著称,每一集只有短短二十余分钟,没有明星大咖助阵,却在十几天时间里做到了在微博累积8亿的话题阅读量。网友们从男女主角等演员的背景与情史,关注到导演侣皓吉吉幕前幕后的发展。而且这部剧的"穷剧组、高颜值、神情节",既是槽点也是看点,再加上画风清奇脑洞大开,因此,掳获大批粉丝,又让人欲罢不能。

这部剧与十年前爆红的《武林外传》有一些相同点也有一些不同点。相同点:两者都以"不走寻常路"来吸引观众的眼球,而且都以现代视角解析古代叙事,还时不时地脑内小剧场和旁白等。不同点:十年前,弹幕尚未成为气候,人们只是在电视上观看,然后口耳相传罢了;而在今时今日,弹幕成为网络剧特有的附属品,显然也成了《太子妃升职记》重要的桥梁和推手。

在看《太子妃升职记》时,原本的画面被一行行五颜六色的弹幕覆盖了,观众们不再被情节牵着鼻子走,而是参与其中,大家边看边吐槽,看谁的评论精彩,就这样网友们建立起一个奇妙的共时关系网,不只是主人公借穿越抛开了现实的苦恼,观众同样也借弹幕找到了主体性,拉近了自己与剧集的距离,也暂时忘记了生活的忧虑。可见,弹幕文化从二次元走向全民运动。

弹幕是最简单而强大的UGC形式,现如今将弹幕应用到H5(HTML5的简称)上是非常热门的玩法。例如,美的推出的《谁动了你的中秋?》H5曾经一夜之间刷遍朋友圈,成为中秋品牌营销最出乎意料的制胜黑马,点击量达到了10万+。《谁动了你的中秋?》H5之所以走红正是因为加入了弹幕。弹幕极大地增加了用户的参与度,用户既可以吐槽,也可以祝福。可以说,弹幕玩法为品牌推广增添了更多不一样的色彩。

2. 图片生成

由"天天P图"推出的"我的小学证件照"曾经是一款刷爆朋友圈的软件,这款软件以傻瓜式的交互体验让用户输出了趣味性极高的内容,因而备受追捧。这一案例说明品牌推广在刺激用户生产原创内容的同时,也要注意降低用户表达自己的门槛,让用户一眼就看懂怎么玩怎么用。

另外,图片生成、海报生成的玩法易操作易传播,非常适合朋友圈传播。腾讯新闻的《没品新闻颁奖礼》就是让用户自由选择"奇葩新闻+名字",生成个人定制版的没品日报并且分享出去。这种形式非常容易引发强烈地扩散式传播。

3. 内容征集

邀请用户为品牌创造传播内容也是一种热门的 UGC 玩法。星巴克曾经举办了一个手绘纸杯的竞赛活动，邀请热爱手绘的消费者在星巴克的白纸杯上涂鸦。这个活动不仅帮助星巴克征集了用户为品牌制作的内容，还成功推广了星巴克的可重复使用纸杯。经过手绘的纸杯具有了专属感，参与用户可以获得奖金或者因此出名，星巴克品牌的影响力也迅速扩散至全球。

UGC 的核心在于给用户提供了一个自由发挥的空间，使品牌推广从单向传播变成双向传播，让用户带动用户，激励更多的用户参与。如果文案策划人员的能力达到一定水准，在文案策划中融入 UGC 玩法往往能达到意想不到的效果。